연구보고서 2024-13

일본의 인구정책 사례 연구

최경덕
오신휘·조성호·김명중·김원경·황남희

KOREA INSTITUTE FOR HEALTH AND SOCIAL AFFAIRS

연구진

연구책임자	**최경덕**	한국보건사회연구원 부연구위원
공동연구진	**오신휘**	한국보건사회연구원 전문연구원
	조성호	한국보건사회연구원 부연구위원
	김명중	닛세이기초연구소 상석연구원
	김원경	메이지가쿠인대학 교수
	황남희	한국보건사회연구원 연구위원

연구보고서 2024-13

일본의 인구정책 사례 연구

발 행 일 2024년 12월
발 행 인 강 혜 규
발 행 처 한국보건사회연구원
주   소 [30147]세종특별자치시 시청대로 370
         세종국책연구단지 사회정책동(1~5층)
전   화 대표전화: 044)287-8000
홈페이지 http://www.kihasa.re.kr
등   록 1999년 4월 27일(제2015-000007호)
인 쇄 처 ㈜정인애드   13,000원

ⓒ 한국보건사회연구원 2024
ISBN 979-11-7252-030-4 [93330]
https://doi.org/10.23060/kihasa.a.2024.13

발│간│사

　한국은 오랜 기간 저출산과 고령화를 경험하면서 인구 구조가 변화하고 있다. 합계출산율은 지속적으로 하락하여 2023년에는 0.72명을 기록하였다. 2005년에 한국 정부는 「저출산·고령사회기본법」을 제정하고, 저출산·고령사회 기본계획을 총 네 차례 수립·추진하였으나, 이를 바탕으로 한 정책들에도 불구하고 저출산 추세를 반등시키는 데 실패하였다.

　한편, 일본은 한국보다 먼저 낮은 출산율과 고령화 문제를 겪어왔다. 1989년 '1.57 쇼크' 이후 저출산에 대한 문제의식이 높아졌으며, 관련 정책들이 1990년대 중반부터 적극적으로 추진되었다. 2005년 일본의 출산율은 반등하여 2015년에는 1.45명을 기록하는 등 소기의 성과를 거두기도 하였다. 이 연구는 일본의 인구 변화와 정책을 종합적으로 검토하여 한국의 인구정책 수립에 필요한 기초 자료를 제공하는 것을 목표로 하며, 주요 목적은 일본의 인구정책 현황과 효과성을 살펴보고, 인구 변화, 결혼·출산·육아에 대한 인식 조사를 수행하여, 한국의 인구정책에 대한 시사점을 도출하는 것이다.

　본 보고서는 최경덕 부연구위원 책임하에 본원의 오신휘 전문연구원, 조성호 부연구위원, 황남희 연구위원이 연구진으로 참여하였으며, 김명중 닛세이기초연구소 상석연구원과 김원경 메이지가구인대학교 교수가 외부 필진으로 집필에 참여하였다. 본 보고서의 내용은 연구진의 의견이며, 한국보건사회연구원의 공식적인 입장이 아님을 밝힌다.

2024년 12월
한국보건사회연구원 원장직무대행
강 혜 규

목차

요 약 ··· 1

제1장 서론 ·· 5
제1절 연구의 배경 및 목적 ·· 7
제2절 연구의 내용 및 방법 ·· 9

제2장 일본의 주요 인구통계 지표 ································ 11
제1절 인구 규모 및 구성 ··· 13
제2절 혼인과 출산 ··· 35
제3절 사망 ··· 50

제3장 일본의 인구정책 추진 배경 및 흐름 ················ 57
제1절 일본의 저출산 대책 추진 배경 및 현재까지의 흐름 ······················· 59
제2절 일본의 고령화 대책 추진 배경 및 현재까지의 흐름 ······················· 73

제4장 일본의 인구정책 추진 현황 ································ 79
제1절 일본의 저출산 대책 현황 ··· 81
제2절 일본의 고령화 대책 현황 ··· 90
제3절 인구정책 컨트롤타워 및 저출산 관련 예산 현황 ···························· 99
제4절 저출산에 대한 일본 민간단체 등의 제언 ······································ 103

제5장 일본 인구 변화의 요인 및 인구정책의 효과성 ·········· 113
제1절 혼인·출산 등 인구 변화의 요인 검토 ·· 115
제2절 주요 인구정책의 효과성 검토 ·· 128

제6장 결혼·출산·육아에 관한 인식 조사 ·· **137**
　제1절 인식 조사 개요 ·· 139
　제2절 결혼 및 출산, 성역할에 대한 인식 ································ 142
　제3절 가사 및 자녀 육아 분담에 대한 인식 ···························· 158
　제4절 인구 변화 및 사회에 대한 인식 ···································· 162
　제5절 인구정책 및 예산 투입에 대한 인식 ····························· 165

제7장 결론 ··· **171**
　제1절 주요 결과 요약 ·· 173
　제2절 시사점 ··· 175

참고문헌 ·· **181**

부 록 ··· **191**
　[부록 1] 결혼, 출산, 육아에 관한 인식 조사 ························· 191

Abstract ·· **201**

표 목차

KOREA INSTITUTE FOR HEALTH AND SOCIAL AFFAIRS

〈표 2-1〉 총인구: 2000~2023년 ·· 13
〈표 2-2〉 도도부현별 총인구: 2000~2023년 ··· 15
〈표 2-3〉 총인구 대비 도도부현별 인구 비율: 2000~2023년 ······················· 17
〈표 2-4〉 인구증감률: 2020~2023년 ·· 20
〈표 2-5〉 총인구, 일본인 인구, 외국인 인구(2022년 10월~2023년 9월 기준) ············· 22
〈표 2-6〉 주요 연령대별 인구 구성비 및 중위연령: 2000~2023년 ············· 23
〈표 2-7〉 주요 연령대별 성비: 2000~2020년 ··· 25
〈표 2-8〉 부양비 및 고령화지수: 2000~2020년 ··· 26
〈표 2-9〉 도도부현별 부양비 및 고령화지수: 2023년 ··································· 27
〈표 2-10〉 성별, 연령별 경제활동상태 현황: 2013~2023년 ························· 30
〈표 2-11〉 성별·연령별(5세)·산업별 취업자 비율: 2000~2020년 ················ 32
〈표 2-12〉 가구 규모, 가구구조 및 가족구조: 2000~2020년 ······················· 34
〈표 2-13〉 초혼 및 재혼 혼인 건수 및 혼인율: 2000~2022년 ····················· 35
〈표 2-14〉 성별·연령별 초혼율: 2000~2022년 ··· 36
〈표 2-15〉 평균 초혼연령: 2000~2022년 ·· 37
〈표 2-16〉 성별 혼인상태(15세 이상): 2000~2020년 ····································· 38
〈표 2-17〉 혼인상태별·연령별(15세 이상) 인구 구성: 2000년, 2020년 ······ 39
〈표 2-18〉 도도부현별 30~34세 남성, 25~29세 여성 미혼 비율: 2010~2020년 ········· 41
〈표 2-19〉 출생아 수 현황: 2000~2022년 ··· 42
〈표 2-20〉 출생순위별 출생아 수 비율: 2000~2022년 ·································· 43
〈표 2-21〉 도도부현별 출생아 수 및 비중: 2000~2022년 ···························· 44
〈표 2-22〉 도도부현별 합계출산율: 2000~2022년 ··· 46
〈표 2-23〉 여성 및 유배우 여성의 연령별(5세) 출산율: 2000~2022년 ······· 48
〈표 2-24〉 출생순위별 부모의 평균 연령: 2000~2022년 ······························ 49
〈표 2-25〉 부모의 혼인 후 첫 자녀 출생까지의 기간별 비율 및 평균 기간:
         2000~2022년 ·· 50
〈표 2-26〉 성별, 연령별 사망률: 2000~2022년 ·· 51

〈표 2-27〉 연령별 평균 기대여명: 2000~2022년 ·· 53
〈표 2-28〉 연령별 사인 순위: 2022년 ·· 54
〈표 3-1〉 전국 대기아동 지도(2023년 4월 1일 기준) ··································· 65
〈표 3-2〉 지금까지의 주요 저출산 대책 개요 ··· 67
〈표 4-1〉 고령사회대책대강 목적과 기본 방향 ·· 91
〈표 6-1〉 결혼·출산·육아에 관한 인식 조사 내용 ······································ 140
〈표 6-2〉 결혼·출산·육아에 관한 인식 조사 응답자의 특성 ······················· 141
〈표 6-3〉 향후 결혼 의향 ··· 142
〈표 6-4〉 조사 대상자의 특성별 향후 결혼 의향 ······································· 143
〈표 6-5〉 향후 자녀 출산 의향 ··· 144
〈표 6-6〉 조사 대상자의 특성별 향후 자녀 출산 의향 ······························· 144
〈표 6-7〉 자녀 출산 시 삶의 영향력에 따른 결혼 의향 ······························ 146
〈표 6-8〉 자녀 출산 시 삶의 영향력에 따른 출산 의향 ······························ 148
〈표 6-9〉 일과 가사 및 육아 병행의 어려움에 대한 인식에 따른 출산 의향 ··· 149
〈표 6-10〉 돌봄에 대한 견해에 따른 결혼 의향 ·· 150
〈표 6-11〉 돌봄에 대한 견해에 따른 출산 의향 ·· 150
〈표 6-12〉 인구정책에 대한 인지도에 따른 결혼 의향 ······························· 151
〈표 6-13〉 계획하고 있는 자녀 수 및 이상적 자녀 수 ······························· 153
〈표 6-14〉 조사 대상자의 특성별 계획하고 있는 자녀 수 및 이상적 자녀 수 ··· 153
〈표 6-15〉 가족(자녀 출산)계획 시 중요도 ··· 155
〈표 6-16〉 자녀 출산 시 삶의 영향력 ·· 156
〈표 6-17〉 남성과 여성의 역할 수행에 대한 인식 ····································· 157
〈표 6-18〉 가사분담, 육아분담 비율(실제 및 적절) ···································· 158
〈표 6-19〉 일과 가사 및 육아 병행 시 어려움 정도 ································· 159
〈표 6-20〉 조사 대상자의 특성별 일과 가사 및 육아 병행 시 어려움 정도 ··· 160
〈표 6-21〉 돌봄에 대한 인식 ·· 161
〈표 6-22〉 인구 변화에 대한 전반적 인식 ·· 162

〈표 6-23〉 사회의 불공정 및 불평등 정도에 대한 인식 ·················· 164
〈표 6-24〉 성공 요인에 대한 인식 ·· 165
〈표 6-25〉 인구정책에 대한 인지도 ·· 166
〈표 6-26〉 직장생활 관련 정책의 활용 가능성에 대한 인식 ········· 167
〈표 6-27〉 자녀 출산과 양육을 위한 정부 예산 투입 방향 ··········· 168

그림 목차

[그림 3-1] 전국 대기아동 지도(2023년 4월 1일 기준) ·················· 67
[그림 3-2] 합계출산율과 출생아 수 추이 ································ 70
[그림 3-3] 남성의 연령별 미혼율 추이 ·································· 71
[그림 3-4] 여성의 연령별 미혼율 추이 ·································· 71
[그림 4-1] 저출산 대책 관련 예산 ······································ 102
[그림 4-2] 가족 분야 공공사회복지지출[국내총생산(GDP) 대비] ········ 102
[그림 4-3] 현물급부 및 현금급부별 가족 분야 공공사회복지지출
[국내총생산(GDP) 대비] ······································ 103

요약

1. 연구의 배경 및 목적

한국은 오랜 기간 저출산과 고령화를 경험하면서 인구 구조가 변화하고 있다. 합계출산율은 1983년에 2.06명을 기록해 대체출산율을 밑돌기 시작했고, 2023년에는 0.72명까지 하락하였다. 총인구수는 증가하는 추세였으나, 합계출산율의 지속적 하락 등으로 2021년과 2022년도에는 전년도 대비 총인구수가 감소하기도 하였다.

저출산 현상에 대한 경각심이 높아짐에 따라 2005년에 한국 정부는 「저출산·고령사회기본법」을 제정하고, 저출산·고령사회 기본계획을 총 네 차례 수립·추진하였다. 그러나 이를 바탕으로 한 여러 정책에도 불구하고 저출산 추세를 반등시키는 데 실패하였고, 2015년부터 2023년까지 매년 출산율이 하락하였다. 이와 같은 저출산 현상은 단순히 출생아 수의 감소에 그치지 않고, 생산가능인구의 감소로 이어져 장기적으로 경제의 성장 잠재력을 저하시킬 뿐 아니라, 고령화로 인해 사회보장 제도의 재정 부담을 가중시켜 지속 가능성을 하락시키는 요인이 될 수 있다.

한편, 일본은 한국보다 먼저 낮은 출산율과 고령화 문제를 겪어왔다. 1975년 이후 출생아 수는 지속적으로 감소해 왔으며, 1989년 '1.57 쇼크' 이후 저출산에 대한 문제의식이 높아졌다. 이에 따라 관련 정책들이 1990년대 중반부터 적극적으로 추진되었다. 2005년 일본의 출산율은 반등하여 2015년에는 1.45명을 기록하며 소기의 성과를 거두기도 하였으나, 이후 다시 감소 추세로 돌아섬에 따라 일본 정부는 2023년에 어린이 미래전략 정책을 발표하였다.

이 연구는 일본의 인구 변화와 정책을 종합적으로 검토하여 한국의 인구정책 수립에 필요한 기초 자료를 제공하는 것을 목표로 한다. 주요 목적은 일본의 인구정책 현황과 효과성을 살펴보고, 인구 변화, 결혼·출산·육아에 대한 인식 조사를 수행하여, 한국의 인구정책에 대한 시사점을 도출하는 것이다.

2. 주요 연구 내용

1990년대부터 본격적으로 시작된 일본의 저출산 대책은 엔젤플랜, 신엔젤플랜, 대기아동 해소 프로젝트 등을 거쳐 최근에는 어린이 미래전략 정책이 발표되었다. 고령화 대책은 1989년 골드플랜을 시작으로 신골드플랜, 고령사회대책 기본법, 골드플랜 21 등이 이어졌으며, 제4차 고령사회대책대강 수립에 이르렀다.

한편, 일본의 총인구수는 2010년부터 감소하기 시작하였으며, 2023년 기준 1억 2,435만 2,000명으로 나타났다. 전체 인구 중 29.68%가 수도권에 거주하며, 수도인 도쿄도에 거주하는 인구 비율은 11.33%로 나타났다. 연령별로 보면, 유소년인구(0~14세)는 11.40%, 생산연령인구(15~64세)는 59.47%, 노인인구(65세 이상)는 29.13%를 차지한다. 혼인율은 2022년을 기준으로 4.1%, 평균 초혼연령은 남성 31.1세, 여성 29.7세로 나타났으며, 출생아 수는 77만 759명, 합계출산율은 1.26명이다.

일본 국민들을 대상으로 결혼·출산·육아에 관한 인식을 조사한 결과를 요약하면 다음과 같다. 결혼할 생각이 있다고 응답한 비율이 32.0%, 향후 자녀를 출산할 생각이 있다고 응답한 비율이 20.3%로, 모두 한국에 비해 다소 높은 것으로 나타났다. 자녀 출산 시 본인의 건강(81.4%), 배우자의 건강(80.9%), 가정의 경제적 여건(77.8%) 순으로 중요하게 고려한다고 응답하였으나, 경력 단절의 가능성을 중요하게 고려하는 경우는 39.5%로 비교적 드물어 한국의 경우(72.2%)와 그 차이가 두드러졌다. 또한, 일본 국민들은 자녀를 갖게 되면 삶에 부정적 영향(원하는 것을 자유롭게 할 수 있는 가능성이 낮아진다, 나의 일할 수 있는 기회가 줄어든다, 경제적 부담이 늘어난다)이 있을 것이라고 생각하는 비율이 한국에 비해 낮았으나, 이와 동시에 삶에 긍정적 영향(삶에서 얻는 기쁨과 만족이 커진다)이 있을 것이라고 생각하는 비율도 한국에 비해 낮았다.

한편, 인구 변화에 대한 전반적 인식을 조사한 결과, 최근 출산율을 적당한 수준이라고 생각하지 않는 비율, 정부가 출산율 감소에 대응하기 위해 충분한 노력을 하고 있다는 데 동의하지 않는 비율이 한국에 비해 일본에서 각각 약 20%p, 15%p 낮게 나타나는 등 한국에서 최근 출산율 수준의 제고를 위해 정부의 보다 적극적인 노력을 주문하는 것으로 확인되었다.

마지막으로, 인구정책 및 예산 투입에 대한 인식을 살펴본 결과는 다음과 같다. 일본 조사 대상자들의 정책에 대한 인지도는 자녀에 대한 수당(71.0%), 출산 및 육아 휴직제도(70.5%) 순으로 높고, 지역 인구 균형을 위한 정책(36.8%), 다자녀가구 추가 지원(44.2%) 순으로 낮았으며, 모든 영역에서 한국에 비해 낮은 것으로 확인되었다. 또한, 자녀 출산과 양육 지원을 위해 정부가 관련 예산을 늘려야 한다고 응답한 비율은 67.3%로, 한국에 비해 다소 낮았다.

3. 결론 및 시사점

한국의 저출산 현상을 개선하기 위해서는 몇 가지 고려해야 할 사항이 있다. 먼저, 일본은 재원 확보 방안으로 소비세율 인상, 국채 발행, 사회보험료에 가산한 지원금 제도의 신설, 세출 개혁 등 다양한 전략을 모색해 왔다. 향후 한국은 일본의 사례를 참고하여 신설될 인구대응특별회계의 재원을 마련하는 데 여러 가지 접근 방식을 검토할 필요성이 있다. 다음으로, 수도권 인구 집중은 주거 비용 상승, 취업 경쟁 심화, 과밀한 생활 환경 등을 초래하여 청년들의 결혼과 출산을 저해할 가능성이 있다. 따라서 향후 정책 수립·추진 시 수도권 인구 및 고용 집중을 완화하는 노력이 포함되어야 할 것이다. 마지막으로, 일본의 사례는 한국의 저출산 정책을 보완하고 확충하는 데 참고가 될 수 있으나, 그 효과성에 대한 철저한 분석이 동반되어야 한다.

다음으로, 초고령사회 진입을 앞둔 한국이 향후 고령화 정책 추진 시 참고할 수 있는 사항들은 다음과 같다. 첫째, 증가하는 독거노인 가구 및 노노가구와 관련된 돌봄의 문제, 개인이 원하는 삶을 마지막까지 누릴 수 있도록 하는 법적 근거와 제도적 지원 검토와 관련하여 일본의 사례를 참고할 필요가 있다. 둘째, 고령화와 인구 감소가 지방 소멸로 이어질 수 있는바, 과소지역 대책 긴급조치법, 과소지역 진흥 특별조치법 등 일본 정부의 법 제정과 지원 내용을 참고하여 적극적으로 대응할 필요성이 있다. 셋째, 고령자의 건강하고 활기찬 노후 생활을 위해서는 사회참여와 일자리 확보가 중요하므로, 고령자를 포함한 모든 사람이 활발히 경제활동에 참여할 수 있도록 지원하는 일본의 사례를 참고할 필요가 있다.

주요 용어: 일본, 인구정책, 저출산, 인구고령화, 인식 조사

사람을
생각하는
사람들

KOREA INSTITUTE FOR HEALTH AND SOCIAL AFFAIRS

제1장

서론

제1절 연구의 배경 및 목적
제2절 연구의 내용 및 방법

제1장 서론

제1절 연구의 배경 및 목적

한국은 오랜 기간 저출산 및 고령화를 경험하고 있으며, 이로 인해 인구구조가 지속적으로 변화하고 있다. 여성 한 명이 15~49세(가임기간)에 낳을 것으로 기대되는 평균적 출생아 수를 뜻하는 합계출산율은 1983년 처음으로 대체출산율[1] 미만인 2.06명을 기록하였다. 이후 합계출산율은 큰 반등 없이 하락을 거듭하였고, 2018년에는 1.0명 미만으로 하락하였으며, 2023년에는 0.72명을 기록하였다. 또한, 65세 이상 고령인구의 비율은 지속적으로 상승하고 있으며, 2013년 11.9%에서 2023년 18.2%로 상승하였다. 총인구수는 증가하는 추세였으나, 합계출산율의 지속적 하락 등으로 인하여 2021년과 2022년도에는 전년도 대비 총인구수가 감소하였다.

저출산 현상에 대한 경각심이 높아짐에 따라 한국 정부는 저출산 및 인구의 고령화에 따른 변화에 대응하는 저출산·고령사회정책의 기본방향과 그 수립 및 추진체계에 관한 사항을 규정하여 국가의 지속적 발전과 국민의 삶의 질 향상을 도모하고자 하는 목적으로 2005년 「저출산·고령사회기본법」을 제정하였다. 동법 제20조에 근거하여 5년 단위의 중·장기 계획인 저출산·고령사회 기본계획이 네 차례 수립·추진되었으며, 현재는 제4차 저출산·고령사회 기본계획이 추진되고 있다(2020~2024년).

---

1) 한 국가가 인구가 감소하지 않고 유지하는 데 필요한 수준의 출산율을 의미하며, 일반적으로 2.1명이다.

인구 변화에 대응하기 위하여 저출산·고령사회 기본계획을 바탕으로 다양한 정책이 추진되었으나, 저출산 추세를 반등시키는 데에는 실패하였고, 오히려 2015년(1.24명)부터 2023년(0.72명)까지 매해 합계출산율이 하락하였다. 저출산이라는 구조적인 사회 문제는 단순히 출생아 수의 감소에 그치지 않고, 생산가능인구 및 경제활동인구의 감소를 동반한다. 이는 장기적으로 경제의 성장 잠재력을 저하시킬 뿐 아니라, 고령화로 인해 사회보장 제도의 재정 부담을 가중시키게 된다. 또한, 지방의 인구 감소는 지역 경제의 침체를 가속화시키고, 필수적 행정 서비스와 공공 인프라 수준의 저하로 이어질 가능성이 크다. 이러한 문제들은 국가 전반의 안정성을 위협하고, 지속 가능한 경제 구조를 유지하기 어렵게 만드는 요인이 될 수 있다.

이와 같이 관련 정책의 효과성에 대한 의문이 제기되고 있는 상황에서 한국의 정책 수립과 추진에 참고할 수 있는 주요 국가별 인구정책을 종합적으로 살펴본 연구가 부재한 것으로 파악된다. 일본은 한국보다 먼저 저출산·고령화를 경험해온 주요 국가 중 하나로, 그 사례를 살펴보는 것이 중요하다. 일본의 출생아 수는 1975년에 200만 명 아래로 하락한 이후 꾸준한 감소세를 보이고 있다. 주목할 만한 변화가 나타난 시점은 합계출산율이 1.57명을 기록한 1989년으로,[2] 이전까지 가장 낮은 수준이었던 1966년의 1.58명을 하회하는 수준이었다. 이를 계기로 저출산 문제에 대한 일본 내 관심이 증가하였으며, 대응의 필요성을 인식하여 1990년대 중반부터 본격적으로 저출산 대응 정책이 추진되었다.

이후 출산율 회복을 위해 다양한 정책이 오랜 기간 추진되었으며, 합계출산율이 2005년 1.26명을 기록한 후 매년 상승하여 2015년 1.45명을 기록하기도 하였으나, 이후 다시 하락세를 보이며 2023년에 1.20명까지

---

[2] 일본 내에서는 이를 '1.57 쇼크'라 부른다.

하락하였다. 이에 위기감을 느낀 일본 정부는 2023년 6월 젊은 세대의 소득 증대, 사회 전체의 구조와 의식 변화, 모든 아동 및 양육 가구에 끊김 없는 지원이라는 세 가지 이념을 기반으로 하는 어린이 미래전략 정책을 발표한 바 있다.

비록 일본의 최근 출산율이 하락하고 있기는 하나, 2023년 기준으로 한국(0.72명)의 두 배에 가까운 수준이라는 점, 1989년 한국과 일본의 합계출산율이 각각 1.56명, 1.57명으로 거의 일치하였으나 이후 34년간 일본의 출산율 하락폭이 한국의 1/3 수준이라는 점 등을 고려할 때 일본의 인구정책을 종합적으로 살펴보아 한국에 주는 시사점을 파악할 필요성이 있다.

본 연구는 한국보다 앞서 저출산·고령화를 경험해오고 있으며 2006년에 이미 초고령사회에 진입한 일본의 인구 구조 변화와 이에 대응한 정책을 종합적으로 살펴보고, 향후 한국의 인구정책 수립 시 참고할 수 있는 기초자료를 제공하고자 한다. 세부 목적은 일본 인구정책 현황 및 흐름 파악, 일본 인구정책의 효과성 검토, 일본의 결혼, 출산, 육아 등에 대한 인식 조사, 한국 인구정책에 대한 시사점 도출이다.

제2절 연구의 내용 및 방법

제2장에서는 일본의 주요 인구통계 지표를 살펴본다. 인구변동 및 구성, 혼인과 출산, 사망으로 구분하여 인구 변화 양상을 종합적으로 분석한다. 제3장에서는 일본의 인구정책 추진 배경 및 흐름을 다룬다. 1994년에 수립된 엔젤플랜을 포함하여 저출산사회대책 기본법, 아동 및 육아 지원계획, 차세대 육성지원 대책추진법 등과 같은 저출산 대책,

1989년에 수립된 골드플랜을 포함한 신 골드플랜, 고령사회대책대강 등과 같은 고령화 대책을 다룬다. 제4장에서는 일본 인구정책 추진 현황을 살펴본다. 제1절에서는 아동기본법, 어린이 미래전략 정책, 주요 저출산 정책을 요약하여 제시하며, 제2절에서는 지역포괄케어시스템, 인지증 기본법의 주요 내용을 소개한다. 제3절에서는 일본 인구정책의 컨트롤 타워인 어린이가정청과 함께 저출산 관련 예산 현황을 다루며, 제4절에서는 저출산에 대한 일본 민간단체 등의 제언을 소개한다. 이어서 제5장에서는 일본 인구 변화의 요인 및 인구정책의 효과성을 분석한다. 제6장에는 일본의 결혼, 출산, 육아 등에 대한 인식 조사 결과를 제시하며, 특히 한국과 일본 국민들의 인식 차이를 비교·분석하는 방식으로 진행한다. 마지막으로 제7장에서는 연구의 주요 결과를 요약하고, 일본의 인구정책이 한국의 인구정책 수립 및 추진에 주는 시사점을 도출한다.

  본 연구에서 활용하는 방법론은 다음과 같다. 먼저, 일본의 통계데이터를 분석한다. 구체적으로는 도도부현별 인구 규모 및 인구증감률, 총부양비, 고령화지수, 경제활동상태, 혼인 건수, 출생아 수, 사망률 등을 포함하는 주요 인구 통계지표를 다각도로 파악한다. 또한, 일본 인구 변화의 요인 및 인구정책의 효과성을 분석하기 위하여 문헌 조사를 실시한다. 마지막으로, 일본 국민들의 결혼, 출산, 육아 등에 대한 인식 및 관련 정책에 대한 인지도 등을 파악하기 위해 인식 조사를 수행한다.

제2장

일본의 주요 인구통계 지표

제1절 인구 규모 및 구성
제2절 혼인과 출산
제3절 사망

제2장 일본의 주요 인구통계 지표

제1절 인구 규모 및 구성

1. 인구 규모

2000년 당시 1억 2,692만 6,000명이었던 일본의 총인구는 2010년 1억 2,805만 7,000명으로 정점을 찍은 후,3) 점차 감소하여 2023년 기준 1억 2,435만 2,000명 수준을 보인다. 이를 두 시점 간 연평균 인구증가율, 즉 인구성장률($\ln(P_{t2}/P_{t1})/(t_2 - t_1) \times 100$)로 살펴보면, 점차 증가 속도가 둔화되다가 2010년 이후 음수로 전환된 것이 확인된다. 특히 2020년 이후에 그 이전에 비해 감소 속도가 빨라졌으며, -0.477%의 연평균 증가율을 보여 인구 100명당 1년간 0.477명(2020~2023년 기간)이 감소했다.

〈표 2-1〉 총인구: 2000~2023년

(단위: 천 명, %)

구분	총인구	인구성장률
2000년	126,926	-
2005년	127,768	0.132
2010년	128,057	0.045
2015년	127,095	-0.151
2020년	126,146	-0.150

---

3) 〈표 2-1〉에서는 5년 단위로 수치를 제시하였지만, 실제 2010년에 총인구가 가장 많았고, 이후 감소하였다.

구분	총인구	인구성장률
2023년	124,352	-0.477

주: 1) 각 연도 10월 1일 기준, 연령 미상 포함.
    2) 인구성장률은 각 해당 기간(3년, 5년)에 대해 계산한 수치임.
    3) 하단 자료를 바탕으로 재구성함.
출처: 1) "人口推計", 総務省, 2000-2020, e-Stat(政府統計の総合窓口). 男女別人口(各年10月1日現在)-総人口, 日本人人口(2000年~2020年), 2024. 5. 7. 검색, https://www.e-stat.go.jp/stat-search/files?page=1&layout=datalist&toukei=00200524&bunya_l=02&tstat=000000090001&cycle=0&tclass1=000000090004&tclass2=000001051180&tclass3val=0
    2) "人口推計", 総務省, 2023, e-Stat(政府統計の総合窓口). 年齢(5歳階級)、男女別人口及び割合-総人口(各年10月1日現在), 2024. 5. 7. 검색, https://www.e-stat.go.jp/stat-search/files?page=1&layout=datalist&toukei=00200524&tstat=000000090001&cycle=7&year=20230&month=0&tclass1=000001011679&result_back=1&tclass2val=0

일본의 인구수를 도도부현(都道府県)별로 살펴보면, 2023년을 기준으로 도쿄도, 가나가와현, 오사카부, 아이치현, 사이타마현 등 순으로 그 수가 많은데, 2000년과 비교해볼 때 전반적으로 순위의 변동은 크지 않다. 특히 도쿄도는 2000~2023년의 기간 동안 인구성장률이 1.192%로 가장 높고, 인구의 절대 수도 계속 증가하고 있다. 해당 기간 동안 인구성장률이 양수(+)인 지역은 총 8개(도쿄도, 오키나와현, 가나가와현, 아이치현, 사이타마현, 지바현, 시가현, 후쿠오카현)이며, 나머지 39개 지역은 모두 마이너스 성장률을 보이고, 전반적으로 인구가 감소하고 있다. 2023년 기준, 인구가 가장 적은 지역은 돗토리현으로 53만 7,000명이며, 인구성장률은 아키타현이 -2.023%로 가장 낮다. 한편, 오키나와현은 인구수(146만 8,000명)로는 전체적으로 높은 편에 속하지는 않지만(25위), 인구성장률은 도쿄도 다음으로 높아 0.829%를 기록한 것이 특징적이다.

⟨표 2-2⟩ 도도부현별 총인구: 2000~2023년

(단위: 천 명, %)

구분	2000년	2005년	2010년	2015년	2020년	2023년	인구 성장률
훗카이도	5,683	5,628	5,506	5,382	5,225	5,092	-0.845
아오모리현	1,476	1,437	1,373	1,308	1,238	1,184	-1.696
이와테현	1,416	1,385	1,330	1,280	1,211	1,163	-1.514
미야기현	2,365	2,360	2,348	2,334	2,302	2,264	-0.336
아키타현	1,189	1,146	1,086	1,023	960	914	-2.023
야마가타현	1,244	1,216	1,169	1,124	1,068	1,026	-1.482
후쿠시마현	2,127	2,091	2,029	1,914	1,833	1,767	-1.426
이바라키현	2,986	2,975	2,970	2,917	2,867	2,825	-0.426
도치기현	2,005	2,017	2,008	1,974	1,933	1,897	-0.426
군마현	2,025	2,024	2,008	1,973	1,939	1,902	-0.482
사이타마현	6,938	7,054	7,195	7,267	7,345	7,331	0.424
지바현	5,926	6,056	6,216	6,223	6,284	6,257	0.418
도쿄도	12,064	12,577	13,159	13,515	14,048	14,086	1.192
가나가와현	8,490	8,792	9,048	9,126	9,237	9,229	0.642
니가타현	2,476	2,431	2,374	2,304	2,201	2,126	-1.172
도야마현	1,121	1,112	1,093	1,066	1,035	1,007	-0.825
이시카와현	1,181	1,174	1,170	1,154	1,133	1,109	-0.484
후쿠이현	829	822	806	787	767	744	-0.832
야마나시현	888	885	863	835	810	796	-0.841
나가노현	2,215	2,196	2,152	2,099	2,048	2,004	-0.770
기후현	2,108	2,107	2,081	2,032	1,979	1,931	-0.675
시즈오카현	3,767	3,792	3,765	3,700	3,633	3,555	-0.446
아이치현	7,043	7,255	7,411	7,483	7,542	7,477	0.460
미에현	1,857	1,867	1,855	1,816	1,770	1,727	-0.558
시가현	1,343	1,380	1,411	1,413	1,414	1,407	0.358
교토부	2,644	2,648	2,636	2,610	2,578	2,535	-0.324
오사카부	8,805	8,817	8,865	8,839	8,838	8,763	-0.037
효고현	5,551	5,591	5,588	5,535	5,465	5,370	-0.255
나라현	1,443	1,421	1,401	1,364	1,324	1,296	-0.826
와카야마현	1,070	1,036	1,002	964	923	892	-1.400
돗토리현	613	607	589	573	553	537	-1.018
시마네현	762	742	717	694	671	650	-1.223
오카야마현	1,951	1,957	1,945	1,922	1,888	1,847	-0.421
히로시마현	2,879	2,877	2,861	2,844	2,800	2,738	-0.386
야마구치현	1,528	1,493	1,451	1,405	1,342	1,298	-1.255
도쿠시마현	824	810	785	756	720	695	-1.310
가가와현	1,023	1,012	996	976	950	926	-0.766
에히메현	1,493	1,468	1,431	1,385	1,335	1,291	-1.118
고치현	814	796	764	728	692	666	-1.544

구분	2000년	2005년	2010년	2015년	2020년	2023년	인구 성장률
후쿠오카현	5,016	5,050	5,072	5,102	5,135	5,103	0.132
사가현	877	866	850	833	811	795	-0.755
나가사키현	1,517	1,479	1,427	1,377	1,312	1,267	-1.385
구마모토현	1,859	1,842	1,817	1,786	1,738	1,709	-0.647
오이타현	1,221	1,210	1,197	1,166	1,124	1,096	-0.831
미야자키현	1,170	1,153	1,135	1,104	1,070	1,042	-0.891
가고시마현	1,786	1,753	1,706	1,648	1,588	1,549	-1.095
오키나와현	1,318	1,362	1,393	1,434	1,467	1,468	0.829

주: 1) 각 연도 10월 1일 기준, 연령 미상 포함.
    2) 인구성장률은 2000~2023년 기간에 대해 계산한 수치임.
    3) 하단 자료를 바탕으로 재구성함.
출처: 1) "人口推計", 総務省, 2000-2020, e-Stat(政府統計の総合窓口). 都道府県別人口(各年10月1日現在) - 総人口, 日本人(2000年~2020年), 2024. 5. 8. 검색, https://www.e-stat.go.jp/stat-search/files?page=1&layout=datalist&toukei=00200524&tstat=000000090001&cycle=0&tclass1=000000090004&tclass2=000001051180&tclass3val=0
    2) "人口推計", 総務省, 2023, e-Stat(政府統計の総合窓口). 都道府県, 男女別人口 - 総人口, 日本人人口, 2024. 5. 8. 검색, https://www.e-stat.go.jp/stat-search/files?page=1&layout=datalist&toukei=00200524&tstat=000000090001&cycle=7&year=20230&month=0&tclass1=000001011679&result_back=1&tclass2val=0

〈표 2-3〉은 일본의 총인구 대비 47개 도도부현별 인구 비율을 나타낸 것이다. 인구 비율이 가장 높은 지역은 도쿄도로 2023년 기준 11.3%를 차지한다. 2000~2023년 기간 동안 상기 비율이 증가 추세에 있는 지역은 사이타마현, 지바현, 도쿄도, 가나가와현, 아이치현, 오사카부, 오키나와현 정도이고, 나머지 지역은 대체로 감소했다. 〈표 2-2〉를 함께 고려해 보면, 인구성장률이 양수(+)인 지역과 총인구 대비 지역 인구 비율이 상승 추세에 있는 지역은 대체로 겹치는 것이 확인된다. 이는 인구 규모가 큰 지역에 계속적으로 인구가 집중됨을 간접적으로 알게 한다. 한편, 우리나라는 2022년 기준 서울 18.2%, 경기 26.5%로 일본에서 인구 비율이 가장 높은 도쿄도보다도 그 비율이 훨씬 높다(통계청, 2022.5.26.). 인천(5.7%)을 포함할 경우, 수도권 비율은 50.4%로 일본과 비교해볼 때 특정 지역에 상당한 인구가 몰려 있음을 확인할 수 있다.

〈표 2-3〉 총인구 대비 도도부현별 인구 비율: 2000~2023년

(단위: %)

구분	2000년	2005년	2010년	2015년	2020년	2023년
홋카이도	4.48	4.40	4.30	4.23	4.14	4.10
아오모리현	1.16	1.12	1.07	1.03	0.98	0.95
이와테현	1.12	1.08	1.04	1.01	0.96	0.94
미야기현	1.86	1.85	1.83	1.84	1.82	1.82
아키타현	0.94	0.90	0.85	0.81	0.76	0.73
야마가타현	0.98	0.95	0.91	0.88	0.85	0.83
후쿠시마현	1.68	1.64	1.58	1.51	1.45	1.42
이바라키현	2.35	2.33	2.32	2.30	2.27	2.27
도치기현	1.58	1.58	1.57	1.55	1.53	1.53
군마현	1.60	1.58	1.57	1.55	1.54	1.53
사이타마현	5.47	5.52	5.62	5.72	5.82	5.90
지바현	4.67	4.74	4.85	4.90	4.98	5.03
도쿄도	9.50	9.84	10.28	10.63	11.14	11.33
가나가와현	6.69	6.88	7.07	7.18	7.32	7.42
니가타현	1.95	1.90	1.85	1.81	1.75	1.71
도야마현	0.88	0.87	0.85	0.84	0.82	0.81
이시카와현	0.93	0.92	0.91	0.91	0.90	0.89
후쿠이현	0.65	0.64	0.63	0.62	0.61	0.60
야마나시현	0.70	0.69	0.67	0.66	0.64	0.64
나가노현	1.75	1.72	1.68	1.65	1.62	1.61
기후현	1.66	1.65	1.62	1.60	1.57	1.55
시즈오카현	2.97	2.97	2.94	2.91	2.88	2.86
아이치현	5.55	5.68	5.79	5.89	5.98	6.01
미에현	1.46	1.46	1.45	1.43	1.40	1.39
시가현	1.06	1.08	1.10	1.11	1.12	1.13
교토부	2.08	2.07	2.06	2.05	2.04	2.04
오사카부	6.94	6.90	6.92	6.96	7.01	7.05
효고현	4.37	4.38	4.36	4.35	4.33	4.32
나라현	1.14	1.11	1.09	1.07	1.05	1.04
와카야마현	0.84	0.81	0.78	0.76	0.73	0.72
돗토리현	0.48	0.48	0.46	0.45	0.44	0.43
시마네현	0.60	0.58	0.56	0.55	0.53	0.52
오카야마현	1.54	1.53	1.52	1.51	1.50	1.49
히로시마현	2.27	2.25	2.23	2.24	2.22	2.20
야마구치현	1.20	1.17	1.13	1.11	1.06	1.04
도쿠시마현	0.65	0.63	0.61	0.59	0.57	0.56
가가와현	0.81	0.79	0.78	0.77	0.75	0.74
에히메현	1.18	1.15	1.12	1.09	1.06	1.04

구분	2000년	2005년	2010년	2015년	2020년	2023년
고치현	0.64	0.62	0.60	0.57	0.55	0.54
후쿠오카현	3.95	3.95	3.96	4.01	4.07	4.10
사가현	0.69	0.68	0.66	0.66	0.64	0.64
나가사키현	1.19	1.16	1.11	1.08	1.04	1.02
구마모토현	1.46	1.44	1.42	1.41	1.38	1.37
오이타현	0.96	0.95	0.93	0.92	0.89	0.88
미야자키현	0.92	0.90	0.89	0.87	0.85	0.84
가고시마현	1.41	1.37	1.33	1.30	1.26	1.25
오키나와현	1.04	1.07	1.09	1.13	1.16	1.18

주: 1) 각 연도 10월 1일 기준, 연령 미상 포함.
2) 하단 자료를 바탕으로 재구성함.
출처: 1) "人口推計", 総務省, 2000-2020, e-Stat(政府統計の総合窓口). 都道府県別人口の割合(各年10月1日現在) - 総人口(2000年~2020年), 2024. 5. 8. 검색, https://www.e-stat.go.jp/stat-search/files?page=1&layout=datalist&toukei=00200524&tstat=000000090001&cycle=0&tclass1=000000090004&tclass2=000001051180&tclass3val=0
2) "人口推計", 総務省, 2023, e-Stat(政府統計の総合窓口). 都道府県別人口の割合 - 総人口(各年10月1日現在), 2024. 5. 8. 검색, https://www.e-stat.go.jp/stat-search/files?page=1&layout=datalist&toukei=00200524&tstat=000000090001&cycle=7&year=20230&month=0&tclass1=000001011679&result_back=1&tclass2val=0

〈표 2-2〉가 2000~2023년 기간의 인구성장률을 계산한 것이라면, 다음의 〈표 2-4〉는 최근 3년간(2020년 10월~2023년 9월)의 연도별 인구증감률을 자연적 증가와 사회적 증가로 구분하여 나타낸 것이며, 단위는 천분율이다.

앞서 총인구 감소에서 확인했듯이 전국을 기준으로 인구증가율은 음수(-)를 기록하고 있으며, 이러한 경향은 각 지역에서도 공통적으로 나타난다. 다만, 오키나와현은 2021년 9월까지 인구가 증가하였고, 도쿄도는 2020년 10월~2021년 9월 기간에는 인구증가율이 음수(-)였지만, 이후 증가하고 있는 유일한 지역이다. 2000~2023년 기준 인구성장률이 양수(+)였던 대부분의 지역도 최근 들어 모두 인구가 감소하고 있다.

이러한 인구 규모 변화를 자연증가(출생-사망) 측면에서 살펴보면, 전국 평균을 기준으로 최근 3년간 자연감소가 심화되고 있으며, 2022년 10월~2023년 9월 기준 전국의 자연증가율은 인구 천 명당 -6.7명으로 나타났다. 개별 지역 역시 마찬가지다. 가장 마지막 시점을 기준으로 전국 평균 수치를 상회하는 지역은 교토부, 효고현, 지바현, 오사카부 등 11개 지역에 불과하다. 오키나와현만 비교적 최근(2021년 10월 이후)에 와서야 자연증가율이 감소한 것이 특징적이다. 결과적으로는 출생보다 사망이 더 많은 인구 변화가 전국에서 공통적으로 나타났다고 할 수 있다.

이를 사회적 증감과 함께 고려해보면, 사회적 증가가 자연감소를 상당 부분 상쇄한 것이 발견된다. 대표적 예가 도쿄도다. 이 지역은 2021년 10월 이후 인구의 자연감소는 심화되는 반면(-3.0 → -3.4), 사회적 증가는 5.0 → 6.8로 증가하여 결과적으로 인구가 증가하고 있다. 이러한 특징은 2000~2023년 기간 내 인구성장률이 양수(+)였던 지역 모두에서 발견되며, 대체로 사회적 증가율이 증가하고 있다. 즉, 인구의 자연감소를 사회적 증가가 보완하여 총인구의 감소폭을 줄였다.

그러나 이들 지역 외에도 인구의 사회적 증가가 발생하는 지역들도 많다. 이바라키현, 야마나시현, 오사카부는 최근 3년간 인구 유입이 유출보다 많았고, 홋카이도, 미야기현, 도치기현, 군마현, 나가노현, 교토부, 효고현, 사가현, 구마모토현은 2021년 10월 이후 모두 사회적 증가율이 양수(+)이다. 2022년 10월~ 2023년 9월을 기준으로 할 때, 사회적 증감의 전국 평균은 인구 천 명당 1.9명이다. 그럼에도 불구하고, 전반적으로는 자연감소의 영향이 사회적 증가보다 더 커 총인구 감소를 견인하고 있다.

〈표 2-4〉 인구증감률: 2020~2023년

(단위: 인구 천 명당 명)

구분	2020.10.~2021.9.			2021.10.~2022.9.			2022.10.~2023.9.		
	전체 증감	자연 증감	사회 증감	전체 증감	자연 증감	사회 증감	전체 증감	자연 증감	사회 증감
전국	-5.1	-4.8	-0.3	-4.4	-5.8	1.4	-4.8	-6.7	1.9
홋카이도	-8.0	-7.7	-0.3	-8.2	-8.5	0.3	-9.3	-9.9	0.6
아오모리현	-13.5	-9.9	-3.6	-13.9	-10.9	-3.0	-16.6	-12.7	-3.9
이와테현	-11.6	-9.2	-2.5	-13.2	-10.4	-2.8	-14.7	-12.1	-2.6
미야기현	-5.1	-5.1	0.0	-4.4	-6.0	1.6	-6.8	-7.3	0.5
아키타현	-15.2	-12.1	-3.1	-15.9	-13.1	-2.8	-17.5	-15.0	-2.6
야마가타현	-12.3	-9.4	-2.9	-13.1	-10.0	-3.2	-14.2	-11.2	-3.1
후쿠시마현	-11.6	-8.0	-3.6	-12.0	-9.2	-2.9	-13.1	-10.4	-2.8
이바라키현	-5.3	-5.8	0.4	-4.3	-6.9	2.6	-5.3	-7.9	2.7
도치기현	-6.1	-5.6	-0.5	-6.5	-6.9	0.4	-6.0	-7.9	1.9
군마현	-6.5	-6.5	0.0	-6.9	-7.4	0.5	-6.0	-8.6	2.6
사이타마현	-0.6	-3.8	3.2	-0.5	-4.7	4.2	-0.8	-5.5	4.7
지바현	-1.5	-4.1	2.6	-1.5	-5.0	3.5	-1.5	-5.8	4.3
도쿄도	-2.7	-2.1	-0.5	2.0	-3.0	5.0	3.4	-3.4	6.8
가나가와현	-0.1	-3.2	3.1	-0.4	-4.0	3.6	-0.4	-4.7	4.3
니가타현	-11.0	-8.2	-2.8	-11.2	-9.0	-2.2	-12.2	-10.3	-1.9
도야마현	-9.1	-7.2	-1.9	-8.7	-8.1	-0.6	-9.6	-9.4	-0.3
이시카와현	-6.5	-5.1	-1.4	-6.7	-6.0	-0.7	-7.8	-7.2	-0.6
후쿠이현	-8.4	-5.8	-2.5	-10.0	-6.8	-3.2	-11.2	-8.0	-3.3
야마나시현	-5.7	-6.1	0.4	-4.3	-7.2	2.9	-7.5	-8.5	1.0
나가노현	-7.2	-6.6	-0.7	-6.5	-7.3	0.8	-8.0	-8.6	0.7
기후현	-9.0	-6.0	-3.0	-7.7	-7.0	-0.7	-7.5	-7.9	0.5
시즈오카현	-7.0	-5.8	-1.3	-7.0	-6.7	-0.3	-7.5	-8.0	0.4
아이치현	-3.4	-2.3	-1.1	-2.9	-3.5	0.6	-2.5	-4.0	1.5
미에현	-8.2	-5.8	-2.5	-7.7	-6.7	-1.0	-8.8	-7.9	-0.9
시가현	-2.2	-2.4	0.2	-1.1	-3.1	2.0	-1.6	-4.0	2.4
교토부	-6.5	-4.7	-1.8	-4.5	-6.1	1.6	-5.7	-6.6	0.9
오사카부	-3.6	-4.3	0.7	-2.7	-5.2	2.6	-2.2	-5.7	3.5
효고현	-6.0	-4.9	-1.1	-5.5	-5.7	0.2	-6.0	-6.3	0.2
나라현	-6.9	-5.8	-1.1	-7.2	-7.0	-0.2	-7.9	-7.7	-0.2
와카야마현	-9.7	-7.8	-2.0	-11.3	-9.5	-1.8	-12.7	-10.9	-1.8
돗토리현	-8.6	-6.8	-1.8	-9.1	-7.6	-1.5	-11.4	-9.1	-2.3
시마네현	-9.3	-7.9	-1.4	-10.5	-8.8	-1.7	-12.7	-10.0	-2.7
오카야마현	-6.4	-5.0	-1.4	-7.4	-6.1	-1.3	-8.4	-7.3	-1.1
히로시마현	-7.2	-4.4	-2.7	-7.2	-5.6	-1.6	-7.8	-6.7	-1.1
야마구치현	-10.8	-8.3	-2.5	-10.6	-9.5	-1.2	-12.1	-10.7	-1.4
도쿠시마현	-10.5	-8.2	-2.4	-11.4	-9.3	-2.1	-12.7	-10.4	-2.3

구분	2020.10.~2021.9.			2021.10.~2022.9.			2022.10.~2023.9.		
	전체 증감	자연 증감	사회 증감	전체 증감	자연 증감	사회 증감	전체 증감	자연 증감	사회 증감
가가와현	-8.4	-6.4	-2.0	-8.7	-7.6	-1.1	-9.1	-8.8	-0.2
에히메현	-10.4	-8.0	-2.4	-10.9	-9.0	-1.9	-11.6	-10.2	-1.4
고치현	-10.8	-8.9	-2.0	-12.2	-10.8	-1.4	-13.7	-12.1	-1.6
후쿠오카현	-2.2	-3.5	1.2	-1.5	-4.6	3.1	-2.6	-5.4	2.8
사가현	-6.7	-5.2	-1.6	-6.4	-6.4	0.0	-7.4	-7.8	0.4
나가사키현	-11.8	-7.0	-4.8	-10.6	-8.2	-2.3	-12.5	-9.2	-3.3
구마모토현	-5.8	-5.2	-0.5	-5.7	-6.7	0.9	-5.5	-7.6	2.1
오이타현	-8.4	-6.9	-1.5	-6.8	-7.9	1.1	-9.5	-9.5	-0.1
미야자키현	-7.8	-6.4	-1.4	-8.4	-7.9	-0.4	-9.6	-9.2	-0.4
가고시마현	-7.5	-6.6	-0.9	-8.7	-8.1	-0.6	-8.9	-8.9	0.0
오키나와현	0.7	0.9	-0.2	-0.1	-0.5	0.4	-0.2	-1.4	1.2

출처: 1) "人口推計", 総務省, 2023, e-Stat(政府統計の総合窓口). 都道府県別人口増減率 - 総人口, 2024. 5. 14. 검색, https://www.e-stat.go.jp/stat-search/files?page=1&layout=datalist&toukei=00200524&bunya_l=02&tstat=000000090001&cycle=7&year=20230&month=0&tclass1=000001011679&result_back=1&tclass2val=0

2) "人口推計", 総務省, 2023, e-Stat(政府統計の総合窓口). 都道府県別自然増減率 - 総人口, 2024. 5. 14. 검색, https://www.e-stat.go.jp/stat-search/files?page=1&layout=datalist&toukei=00200524&bunya_l=02&tstat=000000090001&cycle=7&year=20230&month=0&tclass1=000001011679&result_back=1&tclass2val=0

3) "人口推計", 総務省, 2023, e-Stat(政府統計の総合窓口). 都道府県別社会増減率 - 総人口, 2024. 5. 14. 검색, https://www.e-stat.go.jp/stat-search/files?page=1&layout=datalist&toukei=00200524&bunya_l=02&tstat=000000090001&cycle=7&year=20230&month=0&tclass1=000001011679&result_back=1&tclass2val=0

한편, 〈표 2-4〉의 3가지 기간 중 마지막 시기(2022년 10월~2023년 9월)를 기준으로 총인구, 일본인 인구, 외국인 인구의 증감을 살펴보면, 외국인 인구의 증가가 눈에 띈다. 전체적으로는 자연증감 -837,043명, 사회적 증감 242,131명으로 총인구는 594,912명이 감소했다. 이 중 일본인 인구는 자연증감 -847,006명, 사회적 증감 1,926명, 국적 변경에 따른 증감 7,951명으로 총 837,129명이 감소했다. 반면, 외국인 인구는 자연증감 9,963명, 사회적 증감 240,205명, 국적 변경에 따른 증감 -7,951명으로 총 242,217명이 증가했다.

〈표 2-5〉 총인구, 일본인 인구, 외국인 인구(2022년 10월~2023년 9월 기준)

(단위: 명)

구분		항목	인구수
총인구	2022년 10월 1일 기준	인구수	124,946,789
	2022년 10월 ~ 2023년 9월	출생아 수	757,939
		사망자 수	1,594,982
		자연증감	-837,043
		입국자 수	3,250,231
		출국자 수	3,008,100
		입국 초과	242,131
		증감 합계	-594,912
	2023년 10월 1일 기준	인구수	124,351,877
일본인 인구	2022년 10월 1일 기준	인구수	122,030,523
	2022년 10월 ~ 2023년 9월	출생아 수	739,140
		사망자 수	1,586,146
		자연증감	-847,006
		입국자 수	913,238
		출국자 수	911,312
		입국 초과	1,926
		국적 변경에 따른 순증감	7,951
		증감 합계	-837,129
	2023년 10월 1일 기준	인구수	121,193,394
외국인 인구	2022년 10월 1일 기준	인구수	2,916,266
	2022년 10월 ~ 2023년 9월	출생아 수	18,799
		사망자 수	8,836
		자연증감	9,963
		입국자 수	2,336,993
		출국자 수	2,096,788
		입국 초과	240,205
		국적 변경에 따른 순증감	-7,951
		증감 합계	242,217
	2023년 10월 1일 기준	인구수	3,158,483

출처: "人口推計", 総務省, 2023, e-Stat(政府統計の総合窓口). 参考表 - 男女別人口の計算表 - 総人口, 日本人人口, 外国人人口, 2024. 9. 12. 검색, https://www.e-stat.go.jp/dbview?sid=0004012960

2. 인구 구성

가. 인구학적 구성

1) 연령별 구성

일본의 인구는 이미 고령화가 상당히 진행되었다. 초고령사회로 일컬어지는 노인인구 비율 21%는 이미 2005년 이후에 나타났고, 2023년 기준 29.13%이다. 고령화 현상은 저출산과 관련이 깊기에 유소년인구의 감소 추세도 발견된다. 다만, 2000년 대비 그 차이는 유소년인구 3.18%p, 노인인구 11.77%p로 노인인구의 증가폭이 훨씬 크다. 이는 곧 생산연령인구의 감소폭이 유소년인구보다 상대적으로 고령화에 영향을 주었다는 것으로 이해할 수 있다. 같은 기간 생산연령인구의 감소폭은 8.59%p이다. 중위연령 역시 고령화 심화의 추세를 반영하는데, 2000년 41.4세였던 중위연령은 2020년에 48.6세를 기록했다.

〈표 2-6〉 주요 연령대별 인구 구성비 및 중위연령: 2000~2023년

(단위: %, 세)

구분	연령계층별 인구 구성비[1]			중위연령
	유소년인구 (0~14세)	생산연령인구 (15~64세)	노인인구 (65세 이상)	
2000년	14.58	68.06	17.36	41.4
2005년	13.76	66.07	20.16	43.3
2010년	13.15	63.83	23.02	45.0
2015년	12.55	60.81	26.65	46.7
2020년	11.92	59.52	28.56	48.6
2023년	11.40	59.47	29.13	-

주: 각 연도 10월 1일 기준, 연령 미상 포함.
출처: 1) "人口推計", 総務省, 2000-2020, e-Stat(政府統計の総合窓口). 年齢(5歳階級及び3区分)、男女別人口(各年10月1日現在) - 総人口、日本人人口(2000年~2020年). 2024. 5. 7. 검색, h

ttps://www.e-stat.go.jp/stat-search/files?page=1&layout=datalist&toukei=00200524&bunya_l=02&tstat=000000090001&cycle=0&tclass1=000000090004&tclass2=000001051180&tclass3val=0

2) "人口推計", 總務省, 2023, e-Stat(政府統計の總合窓口). 年齢(5歳階級)、男女別人口及び割合 - 総人口(各年10月1日現在), 2024. 5. 7. 검색, https://www.e-stat.go.jp/stat-search/files?page=1&layout=datalist&toukei=00200524&tstat=000000090001&cycle=7&year=20230&month=0&tclass1=000001011679&result_back=1&tclass2val=0

3) "国勢調査", 總務省, 2010, e-Stat(政府統計の總合窓口). 男女別平均年齢及び年齢中位数 - 全国, 都道府県(大正9年~平成22年). 2024. 5. 21. 검색, https://www.e-stat.go.jp/dbview?sid=0003410685

4) "国勢調査", 總務省, 2015, e-Stat(政府統計の總合窓口). 年齢(各歳), 男女別人口, 年齢別割合, 平均年齢及び年齢中位数(総数及び日本人). 2024. 5. 21. 검색, https://www.e-stat.go.jp/dbview?sid=0003149249

5) "国勢調査", 總務省, 2020, e-Stat(政府統計の總合窓口). 男女, 国籍総数か日本人別平均年齢及び年齢中位数 - 全国, 都道府県, 21大都市, 特別区, 人口50万以上の市. 2024. 5. 21. 검색, https://www.e-stat.go.jp/dbview?sid=0003445096

2) 성별 구성

전체 성비를 보면, 2000~2020년 기간 모두 여성 수가 남성보다 많다. 2020년 기준 여성 100명당 남성 94.68명이다. 그런데 이를 주요 연령대별로 보면, 유소년인구와 생산연령인구는 남성 수가 더 많고, 노인인구만 여성 수가 더 많다. 이러한 결과는 [물론, 인구이동(국외)과 같은 다른 영향 요인이 있기는 하지만] 연령별 사망력의 성별 차이에 따른 것으로 이해할 수 있는데, 일반적으로 출생성비는 100 이상이기에 남성 수가 많지만, 출생 이후 사망력은 특수한 경우를 제외하고 여성이 더 낮다. 즉, 연령이 높아질수록 성비가 낮아지기 때문에 유소년인구-생산연령인구-노인인구에 이르는 과정에서 점차 성비가 낮아지게 된다. 이러한 흐름은 노인인구에서 확연히 나타나는데, 2020년 기준 여성 100명당 남성 수는 76.73명이다.

⟨표 2-7⟩ 주요 연령대별 성비: 2000~2020년

(단위: 여성 백 명당 명)

구분	전체	유소년인구 (0~14세)	생산연령인구 (15~64세)	노인인구 (65세 이상)
2000년	95.83	104.94	100.80	72.14
2005년	95.31	104.94	100.79	73.49
2010년	94.82	104.89	100.83	74.34
2015년	94.77	104.93	101.87	76.44
2020년	94.68	105.03	102.51	76.73

주: 2015년, 2020년 수치는 각 연도 인구센서스의 미상 보완치임.
출처: "国勢調査", 総務省, 2020, e-Stat(政府統計の総合窓口). 年齢(5歳階級), 男女別人口及び人口性比 - 全国(大正9年~令和2年). 2024. 5. 31. 검색, https://www.e-stat.go.jp/dbview?sid=0003410380

나. 사회경제적 구성

1) 부양 인구 구성

부양 인구 구성은 부양 연령층과 피부양 연령층 인구의 구성을 의미하며, 피부양 인구(노동이 가능하지 않다고 여겨지는 인구)와 부양 인구(노동이 가능한 인구)의 백분율로 표시한다. 여기서 피부양 인구는 15세 미만의 유소년인구와 65세 이상의 노인인구를 의미하며, 15~64세의 생산연령인구를 노동이 가능한 인구로 간주한다.

유소년부양비는 유소년인구를 생산연령인구로 나누어 계산하며, ⟨표 2-8⟩에 따르면 2000년 21.4명에서 2022년 19.5명으로 소폭 하락하였다. 반면, 노인인구를 생산연령인구로 나눈 노년부양비는 2000년 25.5명에서 2022년 48.8명으로 대폭 상승했다. 이는 저출산 및 고령화 영향에 따른 것으로 두 부양비는 반대 추세를 보인다. 유소년부양비와 노년부양비의 합인 총부양비는 2000년 46.9명에서 2022년 68.4명으로 지속적으로

상승하고 있는데, 이는 사회경제적으로 부양 부담이 증가하고 있음을 의미한다. 한편, 이러한 총부양비 상승은 주로 노년부양비 상승에 의한 것으로, 급격한 고령화지수 증가에서와 같이 인구 고령화의 영향이 큰 것으로 이해할 수 있다. 유소년인구 100명당 노인인구의 수를 의미하는 고령화지수는 2000년 119.1명에서 2022년 249.9명으로 2배 이상 증가했다.

〈표 2-8〉 부양비 및 고령화지수: 2000~2020년

(단위: 인구 백 명당 명)

구분	부양비			고령화지수
	총부양비	유소년부양비	노년부양비	
2000년	46.9	21.4	25.5	119.1
2005년	51.3	20.8	30.5	146.5
2010년	56.7	20.6	36.1	175.1
2015년	64.5	20.6	43.8	212.4
2020년	68.0	20.0	48.0	239.7
2022년	68.4	19.5	48.8	249.9

출처: "人口統計資料集", 2024, 国立社会保障·人口問題研究所. 人口の年齢構造に関する指標: 1884~2022年, 2024. 6. 11. 검색, https://www.ipss.go.jp/syoushika/tohkei/Popular/P_Detail2024.asp?fname=T02-06.htm

부양비 및 고령화지수를 도도부현별로 살펴보면, 2023년 기준 총부양비가 높은 곳은 아키타현, 시마네현, 고치현 등의 순서로 나타나고, 가장 낮은 지역은 도쿄도이다. 유소년부양비는 오키나와현, 가고시마현, 미야자키현 등의 순서로 나타나고, 가장 낮은 지역 역시 도쿄도이다. 노년부양비의 경우, 아키타현, 고치현, 야마구치현 등의 순으로 높고, 도쿄도가 가장 낮다. 〈표 2-8〉에서처럼 대체로 총부양비와 노년부양비는 정적인 관계가 나타나며, 아키타현의 경우 총부양비는 92.7명, 노년부양비는 75.2명으로 매우 높은 수준을 보인다. 반면, 총부양비가 낮은 지역들은 여러 양상을 보이는데, 도쿄도와 같이 유소년부양비와 노년부양비가 모두 낮거나

오키나와현처럼 유소년부양비가 높고 노년부양비가 낮은 경우, 그리고 그 사이에 위치한 형태다. 여기에는 생산연령인구의 규모와 비중, 저출산 및 고령화 정도가 지역별로 상이하기에 발생하는 것으로 이해할 수 있다.

고령화지수는 지역별 편차가 매우 크게 나타나고 있다. 가장 높은 아키타현과 가장 낮은 오키나와현은 약 3배나 차이가 난다. 물론 향후에 노년층에 포함될 생산연령인구의 규모에 따라 속도의 차이는 있을 수 있겠지만, 현재의 고령화지수만 보더라도 미래의 인구 구조를 어느 정도 예상할 수 있으며, 인구 구성의 지역별 편차, 특히 고령화에 있어 지역별 편차가 지속될 것은 분명해 보인다.

〈표 2-9〉 도도부현별 부양비 및 고령화지수: 2023년

(단위: 인구 백 명당 명)

구분	부양비			고령화지수
	총부양비	유소년부양비	노년부양비	
전국	68.2	19.2	49.0	255.6
홋카이도	75.8	17.7	58.0	327.2
아오모리현	82.5	18.2	64.3	352.5
이와테현	82.9	18.9	64.0	338.6
미야기현	67.5	18.5	48.9	264.3
아키타현	92.7	17.5	75.2	429.9
야마가타현	84.7	19.7	65.0	329.9
후쿠시마현	78.4	19.2	59.2	308.3
이바라키현	71.4	19.0	52.5	276.7
도치기현	70.3	18.8	51.4	273.0
군마현	72.3	19.0	53.3	280.7
사이타마현	63.3	18.5	44.8	242.1
지바현	64.7	18.5	46.2	249.8
도쿄도	50.4	16.2	34.2	211.8
가나가와현	58.9	17.7	41.2	231.9
니가타현	80.4	19.3	61.0	315.6
도야마현	78.0	19.1	58.9	307.5
이시카와현	72.6	20.0	52.6	263.6
후쿠이현	77.0	21.2	55.8	263.4
야마나시현	74.5	19.1	55.4	289.9
나가노현	78.9	20.4	58.5	287.1

구분	부양비			고령화지수
	총부양비	유소년부양비	노년부양비	
기후현	74.9	20.3	54.6	268.9
시즈오카현	73.5	19.7	53.7	272.4
아이치현	61.6	20.0	41.6	207.3
미에현	72.8	19.8	53.0	267.1
시가현	66.6	21.6	45.0	208.5
교토부	68.2	18.2	50.0	274.1
오사카부	63.6	18.4	45.3	246.3
효고현	71.5	20.1	51.4	255.7
나라현	78.0	19.9	58.1	291.6
와카야마현	82.7	20.2	62.5	309.3
돗토리현	83.0	22.0	61.0	277.2
시마네현	88.0	22.3	65.7	295.0
오카야마현	75.2	20.9	54.3	260.2
히로시마현	73.1	20.9	52.2	249.0
야마구치현	86.4	20.5	65.9	320.9
도쿠시마현	84.9	19.6	65.4	334.0
가가와현	79.0	20.7	58.3	281.1
에히메현	82.6	20.2	62.4	308.7
고치현	87.9	19.7	68.2	346.4
후쿠오카현	69.7	21.4	48.3	225.6
사가현	80.5	23.4	57.2	244.5
나가사키현	86.7	22.6	64.1	283.7
구마모토현	82.2	23.3	58.9	252.2
오이타현	84.4	21.4	63.0	294.3
미야자키현	86.5	23.7	62.8	264.7
가고시마현	87.1	23.8	63.3	266.4
오키나와현	66.4	26.8	39.7	148.2

주: 10월 1일 기준.
출처: "人口推計", 総務省, 2023, e-Stat(政府統計の総合窓口). 都道府県, 男女別年齢構造指数 - 総人口 (2023年10月1日現在). 2024. 6. 11. 검색, https://www.e-stat.go.jp/stat-search/files?page=1&layout=datalist&toukei=00200524&bunya_l=02&tstat=000000090001&cycle=7&year=20230&month=0&tclass1=000001011679&result_back=1&tclass2val=0

2) 경제활동상태 구성

최근 약 10년의 경제활동상태 측면에서 인구 현황을 살펴보면 다음과 같다. 남녀 모두 시간이 흐를수록 경제활동참가율과 고용률의 증가가 확인된다. 이는 모든 연령대에서 동일하게 나타나는 현상이기도 하다. 고용률을 예로 보면, 남녀 전체적으로 15세 이상은 2013년 59.3%에서 2023년 61.2%로 증가했고, 남성은 같은 기간 67.5%에서 69.5%, 여성은 47.1%에서 53.6%로 늘었다. 그러나 우리나라와 마찬가지로 성별 고용률 격차는 크게 나타난다. 2023년 기준 우리나라의 고용률은 62.6%, 남성은 71.3%, 여성은 54.1%이다.[4] 경제활동참가율의 성별 격차와 더불어 이러한 차이는 전업주부 등 여성의 비경제활동인구 비율과 혼인 및 출산과 관련된 경력 단절 등의 배경적 요소가 있을 것으로 판단된다.

연령대별로 보면, 20대에서 60대 중반까지의 경제활동참가율과 고용률이 높고, 노인 연령에 접어들면서 크게 떨어지는 것이 발견된다. 주목할 만 한 점은 25~29세의 경제활동참가율과 고용률이 매우 높다는 것이다. 2023년 기준 각각 91.0%, 87.4%이다. 일자리의 질적 특성 등은 다른 측면의 이야기겠지만, 충분히 고무적이라 하겠다. 한편, 우리나라의 2023년 20~29세 고용률은 60.9%로 일본의 20~24세 고용률 72.3%, 25~29세 87.4%와 비교해볼 때, 두 국가 간에는 매우 큰 차이가 있음을 알 수 있다.

한편, 남성과 여성 간 비교에 있어 두드러지는 점은 연령대별로 나타나는 경제활동참가율과 고용률의 변화이다. 남성은 연령이 높아질수록 점차 두 비율이 증가하다가 40대 중후반을 기점으로 하락하는 반면, 여성은 30대에 접어들며 그 수준이 하락하고, 40대에 다시 증가하고 50대에 들어오며 하락한다. 이는 여성의 혼인과 출산, 이에 따른 경력 단절을 알 수 있게 한다. 그 밖에 남녀의 공통된 특징으로는 중장년층에서 경제활동참가율과 고용률 하락이 발생한다는 것을 들 수 있다. 그럼에도 불구하고,

---

[4] 통계청. (2023). 인구총조사 [데이터 세트] 국가통계포털. 성/연령별 경제활동인구, 2024. 9. 20. 검색, https://kosis.kr/statHtml/statHtml.do?orgId=101&tblId=DT_1DA7002S&vw_cd=MT_ZTITLE&list_id=B11&scrId=&seqNo=&lang_mode=ko&obj_var_id=&itm_id=&conn_path=MT_ZTITLE&path=%252FstatisticsList%252FstatisticsListIndex.do 이하 한국의 고용률 관련 수치는 위의 출처를 따른다.

남성은 50대 후반까지도 90% 이상의 상당히 높은 경제활동참가율과 고용률을 보이고(60~64세도 80% 중후반으로 높음), 여성 역시 50대 후반까지도 70% 중반대의 수준을 보인다. 이는 우리나라와 다른 점이라 할 수 있는데, 정년제도를 비롯한 노동시장의 여건 및 특성과 관계된 것으로 여겨진다. 한국의 경우 50~59세의 고용률은 2023년 기준 77.7% 수준이고, 남성은 87.5%, 여성은 67.8%이다.

〈표 2-10〉 성별, 연령별 경제활동상태 현황: 2013~2023년

(단위: %)

구분	2013년			2018년			2023년		
	경활률	고용률	실업률	경활률	고용률	실업률	경활률	고용률	실업률
전체									
15세 이상	59.3	56.9	4.0	61.5	60.0	2.4	62.9	61.2	2.6
15~64세	74.8	71.7	4.2	78.9	76.8	2.6	81.1	78.9	2.7
15~19세	15.5	14.5	6.4	19.5	18.9	3.4	20.9	20.1	2.6
20~24세	69.0	64.1	7.0	74.3	71.4	3.6	75.5	72.3	4.2
25~29세	86.4	81.0	6.2	89.2	85.9	3.8	91.0	87.4	4.1
30~34세	83.2	79.5	4.4	86.5	83.9	3.0	89.2	86.4	3.2
35~39세	83.2	80.1	3.8	85.6	83.6	2.4	88.1	85.9	2.6
40~44세	84.7	81.6	3.7	88.1	86.2	2.1	89.1	87.2	2.2
45~49세	86.2	83.4	3.3	87.7	85.9	2.1	89.4	87.7	1.9
50~54세	85.1	82.4	3.2	87.1	85.4	1.9	87.8	85.9	2.1
55~59세	79.5	76.8	3.4	83.4	81.7	2.0	85.2	83.1	2.3
60~64세	61.4	58.9	4.0	70.6	68.8	2.6	76.0	74.0	2.6
65세 이상	20.5	20.1	2.3	24.7	24.3	1.5	25.7	25.2	1.7
남성									
15세 이상	70.5	67.5	4.3	71.2	69.3	2.6	71.4	69.5	2.8
15~64세	84.6	80.8	4.5	86.2	83.9	2.7	86.8	84.3	2.8
15~19세	15.5	14.2	6.3	18.4	17.7	3.6	19.1	18.4	3.7
20~24세	67.7	62.4	7.9	73.8	70.8	4.2	74.5	71.3	4.6
25~29세	93.8	87.2	7.0	94.4	90.3	4.0	94.0	90.0	4.2
30~34세	95.6	91.3	4.6	95.8	93.0	2.9	95.4	92.4	3.5
35~39세	96.5	92.9	3.8	96.2	93.9	2.4	96.1	93.6	2.6
40~44세	96.3	92.8	3.6	96.3	94.2	2.2	95.9	93.7	2.4
45~49세	96.2	92.9	3.5	95.7	93.6	2.2	95.7	93.8	2.0
50~54세	95.3	92.2	3.3	95.2	93.3	2.0	94.8	92.8	2.2
55~59세	92.7	89.1	3.9	93.4	91.3	2.2	93.9	91.5	2.6

구분	2013년			2018년			2023년		
	경활률	고용률	실업률	경활률	고용률	실업률	경활률	고용률	실업률
60~64세	76.0	72.2	4.9	83.5	81.1	2.9	86.8	84.4	3.1
65세 이상	29.4	28.6	2.8	33.9	33.2	2.1	34.8	34.0	2.4
여성									
15세 이상	48.9	47.1	3.7	52.5	51.3	2.2	54.8	53.6	2.3
15~64세	65.0	62.4	3.9	71.3	69.6	2.4	75.2	73.3	2.6
15~19세	15.6	14.9	6.5	20.4	20.1	3.4	22.8	22.0	1.6
20~24세	70.3	66.0	6.1	74.8	72.5	3.5	76.6	73.3	4.3
25~29세	79.0	74.9	5.2	83.9	80.9	3.5	88.2	84.7	4.0
30~34세	70.1	67.2	4.2	76.9	74.6	3.0	82.6	80.1	2.7
35~39세	69.6	66.9	3.8	74.8	73.0	2.5	80.1	78.1	2.5
40~44세	73.1	70.2	4.0	79.6	78.1	1.9	82.1	80.5	1.9
45~49세	76.1	73.7	3.2	79.6	77.9	2.1	83.2	81.7	1.9
50~54세	74.9	72.8	3.1	79.2	77.5	1.8	80.7	79.0	2.1
55~59세	66.5	64.7	2.7	73.3	72.0	1.8	76.4	74.7	2.2
60~64세	47.4	46.0	3.0	58.1	56.8	2.2	65.3	63.8	2.0
65세 이상	13.8	13.7	1.2	17.6	17.4	0.8	18.7	18.5	1.0

출처: "労働力調査", 総務省, 2024, e-Stat(政府統計の総合窓口). 配偶関係 , 年齢階級別労働力人口比率 , 就業率及び完全失業率 (2000年~). 2024. 9. 19. 검색, https://www.e-stat.go.jp/db view?sid=0003008337

다음의 표는 2000~2020년의 남녀 연령별·산업별 취업자 비율을 보여 준다. 먼저 산업별로 보면, 3차 산업의 높은 비중이 확인되며, 3차 산업은 여성이, 2차 산업은 남성의 비율이 더 높다. 1차 산업은 성별 차이가 크지는 않으나 고연령대, 특히 65세 이상 인구에서의 취업자 비율이 높다.

최근으로 올수록 2차 산업은 성별에 관계없이 취업자 비율이 하락하는 추세이고, 3차 산업은 증가하고 있다. 2020년 기준 3차 산업에는 취업 남성의 62.6%, 취업 여성의 80.2%가 속해 있고, 2차 산업에는 남성 30.7%, 여성 13.7%가 그러하다. 이를 연령대별로 살펴보면, 2000년에 2차 산업은 남녀 모두 55~59세의 비중이 가장 높았지만, 2020년에는 45~49세가 그렇다. 시간에 따른 감소폭을 고려할 때, 남성의 경우 저연령대에서의 취업자 비율 감소가 눈에 띄며, 여성은 전 연령대에서 감소가 나타난다. 3차 산업은 2000년과 대비했을 때, 2020년 기준 남성은 15~19세와

55세 이상 고령자 집단에서, 여성은 45세 이상의 집단에서 그 비중이 크게 증가했다. 남성은 40세 이후로, 여성은 20세 이후로 연령이 증가할수록 2000년 대비 취업자 비율 상승 폭이 커졌다. 그러나 2020년 현재 기준으로 취업자 비율이 높은 연령대는 남녀 모두 15~19세이며, 상대적으로 저연령대에서 더 높다.

〈표 2-11〉 성별·연령별(5세)·산업별 취업자 비율: 2000~2020년

(단위: %)

구분	남성			여성		
	2000년	2010년	2020년	2000년	2010년	2020년
1차 산업						
전체	4.8	4.2	3.8	5.4	3.7	2.9
15~19세	1.5	1.4	1.2	0.4	0.4	0.5
20~24세	1.2	1.5	1.6	0.4	0.6	0.7
25~29세	1.1	1.6	1.6	0.5	0.6	0.8
30~34세	1.2	1.6	1.9	1.2	0.9	1.1
35~39세	1.7	1.4	2.1	2.2	1.1	1.4
40~44세	2.4	1.6	2.0	3.0	1.4	1.3
45~49세	3.0	2.1	1.8	3.6	1.9	1.3
50~54세	3.2	3.0	1.9	3.9	2.9	1.5
55~59세	3.6	4.0	2.4	6.2	4.3	2.1
60~64세	9.8	6.3	4.3	14.9	6.3	4.1
65세 이상	27.5	18.1	12.4	32.5	18.7	11.2
2차 산업						
전체	35.9	30.7	30.7	20.2	14.3	13.7
15~19세	35.9	27.6	25.9	14.2	8.8	9.3
20~24세	34.6	28.1	27.8	15.1	10.9	11.9
25~29세	36.6	30.0	31.2	18.0	11.9	13.1
30~34세	36.9	31.8	31.8	19.7	14.1	13.9
35~39세	35.6	33.4	32.2	19.9	15.8	14.3
40~44세	35.3	33.6	33.2	20.3	15.6	15.0
45~49세	38.2	32.2	34.5	22.6	14.9	15.6
50~54세	39.1	31.7	34.3	24.2	14.8	14.7
55~59세	40.6	33.4	32.3	25.3	16.5	13.6
60~64세	34.6	30.0	29.5	21.4	16.2	12.9
65세 이상	23.4	21.3	23.2	13.8	12.2	11.9
3차 산업						

구분	남성			여성		
	2000년	2010년	2020년	2000년	2010년	2020년
전체	58.2	59.2	62.6	73.2	76.2	80.2
15~19세	58.9	61.5	67.4	81.0	80.4	84.4
20~24세	61.6	61.9	66.4	82.3	81.2	83.6
25~29세	61.0	60.1	64.0	80.0	80.3	83.3
30~34세	60.7	59.5	64.0	77.8	78.3	82.5
35~39세	61.7	58.9	63.6	76.8	77.2	81.9
40~44세	61.5	59.0	62.7	75.7	77.9	81.4
45~49세	58.0	60.7	61.6	72.8	79.1	80.9
50~54세	56.9	61.3	61.7	70.8	78.8	81.6
55~59세	55.0	58.9	63.4	67.5	75.4	82.2
60~64세	54.7	59.7	64.3	62.7	72.5	80.6
65세 이상	48.2	53.9	58.9	52.5	59.9	69.4

주: 국세조사보고 자료에 따르며, 전체는 15세 이상 인구로 분류할 수 없는 산업의 취업자를 포함.
출처: "人口統計資料集", 2024, 国立社会保障·人口問題研究所. 性, 年齢（5歳階級）, 産業別就業率: 1975~2020年, 2024. 6. 19. 검색, https://www.ipss.go.jp/syoushika/tohkei/Popular/P_Detail2024.asp?fname=T08-08.htm

3) 가구 및 가족 구성

2000~2020년의 기간에는 가구 수가 증가하였다. 2000년 4,700만 정도의 가구는 2020년 5,580만 가구로 늘어났다. 총 가구 수는 증가했지만, 앞서 살펴봤듯이 총인구가 증가한 것은 아니다. 오히려 감소 추세에 있다. 즉, 평균 가구원 수가 지속적으로 줄어들고 있는 맥락에서 이해해야 한다. 2000년 2.70명의 평균 가구원 수는 2020년 2.26명으로 떨어졌다. 가구 구성의 질이 변화한 것이다.

구체적으로 살펴보면, 지난 20년 동안 단독 가구(1인 가구)가 크게 증가했으며, 2인 가구도 증가하기는 했지만, 증가폭이 상대적으로 작다. 단독 가구(1인 가구) 비율은 2000년 대비 10%p 이상 상승하여 2020년 38.0%로 나타났으며, 증가폭도 커지고 있다. 이와 동시에 상당 기간 가족 형태의 주축이었던 핵가족의 비율은 하락하고 있다. 동 비율은 2000년 58.4%에서 2020년 54.1%로 하락했다. 또한, 핵가족 비율의 하락은

흔히 부부+자녀로 일컬어지는 3~4인 가구의 감소와도 무관하지 않은 것으로 보인다. 2인 가구가 증가하고 있는 것을 고려할 때, 핵가족의 형태도 저출산 흐름과 함께 부부로만 이루어지는 경우가 늘어나고 있는 것이다.

〈표 2-12〉 가구 규모, 가구구조 및 가족구조: 2000~2020년

(단위: 1,000가구, 명, %)

구분	2000년	2010년	2020년
총 가구 수	47,063	51,951	55,830
평균 가구원 수	2.70	2.46	2.26
가구 규모			
1인 가구	27.6	32.4	38.0
2인 가구	25.1	27.2	28.1
3인 가구	18.8	18.2	16.6
4인 가구	16.9	14.4	11.9
5인 가구	6.8	5.0	3.8
6인 가구	3.1	1.9	1.1
7인 이상 가구	1.7	1.0	0.5
가족 형태			
핵가족	58.4	56.3	54.1
기타 친족	13.6	10.2	6.8
비친족	0.4	0.9	0.9
단독	27.6	32.4	38.0

주: 1) 총 가구 수는 일반가구 + 시설 등 가구 수의 합계이며, '미상'이 포함됨.
　　2) 가구 규모에 따른 분류는 일반가구만 해당.
　　3) 가족 형태에 따른 분류는 일반가구만 해당하며, 핵가족은 부부, 부부+자녀, 한부모+자녀를 뜻함.
출처: "人口統計資料集", 2024, 国立社会保障·人口問題研究所. 総世帯および世帯の種類別世帯数: 1920~2020年, 世帯の種類別平均世帯人員: 1920~2020年, 世帯人員別一般世帯数: 1970~2020年, 2024. 6. 14. 검색, https://www.ipss.go.jp/syoushika/tohkei/Popular/P_Detail2024.asp?fname=T07-01.htm, https://www.ipss.go.jp/syoushika/tohkei/Popular/P_Detail2024.asp?fname=T07-04.htm, https://www.ipss.go.jp/syoushika/tohkei/Popular/P_Detail2024.asp?fname=T07-09.htm

제2절 혼인과 출산

1. 혼인

일본의 혼인 건수는 2000년 798천 건에서 2022년 505천 건으로 감소했으며, 초혼과 재혼 모두 그 추세는 동일하다. 전반적으로 초혼 건수는 여성이 많고, 재혼 건수는 남성이 많다. 초혼 비율은 여성이 남성보다 높은데, 2000년 기준 남성 85.0%, 여성 86.6%, 2020년은 남성 81.4%, 여성 84.0%이다. 일본인 인구 천 명당 혼인율은 2000년 6.4명에서, 2022년 4.1명으로 감소했고, 시간이 흐를수록 감소하는 경향이 발견된다.

〈표 2-13〉 초혼 및 재혼 혼인 건수 및 혼인율: 2000~2022년

(단위: 건, %, 일본인 인구 천 명당 명)

구분	전체	남성		여성		초혼 비율		혼인율
		초혼	재혼	초혼	재혼	남성	여성	
2000년	798,138	678,174	119,964	691,507	106,631	85.0	86.6	6.4
2005년	714,265	584,076	130,189	599,691	114,574	81.8	84.0	5.7
2010년	700,222	570,576	129,646	586,719	113,503	81.5	83.8	5.5
2015년	635,225	510,296	124,929	528,611	106,614	80.3	83.2	5.1
2020년	525,507	423,484	102,023	437,169	88,338	80.6	83.2	4.3
2022년	504,930	410,929	94,001	424,282	80,648	81.4	84.0	4.1

주: 인구동태통계에 근거한 수치이며, 혼인율은 일본인 인구에 대한 천분율임.
출처: "人口統計資料集", 2024, 国立社会保障·人口問題研究所. 初婚·再婚別婚姻数および婚姻率：1900~2022年, 2024. 6. 17. 검색, https://www.ipss.go.jp/syoushika/tohkei/Popular/P_Detail2024.asp?fname=T06-01.htm

〈표 2-14〉에는 성별·연령별 초혼율을 제시하였다. 2000년 남성 11.81명, 여성 11.36명에서 2022년 남성 5.37명, 여성 5.16명 등으로

남성과 여성 모두에서 초혼율이 낮아지는 경향이 나타났다. 2000년 대비 하락폭이 가장 큰 연령대는 남성은 25~29세로 21.66명, 여성은 20~24세로, 26.19명이 하락했다. 반면, 남성은 40세를 기점으로, 여성은 35세를 기점으로 2000년 대비 초혼율이 소폭 상승했다. 연령대별로 상이한 초혼율 추세는 2000년 이후 연령대별 인구 규모의 영향과 함께 초혼연령 상승 등이 복합적으로 연관되어 있을 것으로 판단되며, 향후 추가적인 분석이 필요해 보인다. 예컨대, 남성과 여성 모두 2000년과 비교하여 2010년에 30세 이후의 여러 연령대에서 초혼율이 상승했으나, 이후 지속해서 감소하는 경향이 나타났다.

〈표 2-14〉 성별·연령별 초혼율: 2000~2022년

(단위: 일본인 인구 천 명당 명)

구분	2000년		2010년		2020년		2022년	
	남성	여성	남성	여성	남성	여성	남성	여성
전체	11.81	11.36	9.14	8.78	6.09	5.85	5.37	5.16
19세 이하	2.82	5.93	1.73	3.90	1.02	1.92	0.72	1.37
20~24세	27.58	43.35	20.49	32.03	14.31	20.46	12.02	17.16
25~29세	58.06	65.26	50.67	60.37	40.66	48.58	36.40	43.25
30~34세	30.94	21.90	31.36	28.47	24.07	23.03	21.86	21.27
35~39세	11.13	5.31	13.06	9.72	10.82	9.09	9.89	8.41
40~44세	3.47	1.14	4.81	2.52	4.38	2.92	4.00	2.77
45~49세	1.31	0.31	1.77	0.62	1.72	0.89	1.60	0.87
50~54세	0.47	0.16	0.67	0.19	0.66	0.33	0.65	0.37
55~59세	0.15	0.09	0.30	0.07	0.29	0.13	0.29	0.16
60~64세	0.06	0.04	0.12	0.04	0.15	0.06	0.15	0.07
65~69세	0.02	0.02	0.04	0.02	0.06	0.02	0.08	0.02
70세 이상	0.01	0.00	0.01	0.01	0.02	0.01	0.02	0.01

주: 1) 인구동태통계에 근거한 수치이며, 비율 산출의 분모 인구는 일본인 인구에 의함.
　　2) 전체는 연령 미상을 포함한 수치로 15세 이상 인구에 대한 비율이며, 19세 이하는 15~19세 인구에 대한 비율임.
출처: "人口統計資料集", 2024, 国立社会保障·人口問題研究所. 性, 年齢（5歳階級）別初婚率：1930~2022年, 2024. 6. 17. 검색, https://www.ipss.go.jp/syoushika/tohkei/Popular/P_Detail2024.asp?fname=T06-04.htm

초혼율은 각각의 해당 연령대 인구(분모)의 영향을 받기는 하지만, 혼인을 하는 이들의 평균 초혼연령은 시간이 흐를수록 높아지는 것이 명확하게 관측된다. 남성은 2000년 28.8세에서 2022년 31.1세로, 여성은 27.0세에서 29.7세로 높아졌다. 남성과 여성의 혼인연령 차이는 점차 줄어들고 있으며, 2022년 기준 1.5세다.

〈표 2-15〉 평균 초혼연령: 2000~2022년

(단위: 세)

구분	2000년	2010년	2020년	2022년
남성	28.8	30.5	31.0	31.1
여성	27.0	28.8	29.4	29.7
연령차	1.8	1.7	1.5	1.5

주: 인구동태통계에 근거한 수치이며, 결혼식을 올렸을 때 또는 동거를 시작했을 때의 빠른 연령으로 동거(예식)년과 신고년이 같은 것에 한함.
출처: "人口統計資料集", 2024, 国立社会保障·人口問題研究所, 全婚姻および初婚の平均婚姻年齢: 1899~2022年, 2024. 6. 17. 검색, https://www.ipss.go.jp/syoushika/tohkei/Popular/P_Detail2024.asp?fname=T06-12.htm

다음은 국세조사보고 자료에 근거한 15세 이상 인구의 성별 혼인상태에 대한 것이다. 미혼 비율의 경우, 남성과 여성 모두 2010년에 다소 떨어졌지만, 2000년 대비 2020년에 상승했다. 2020년 기준 각각 34.6%와 24.8%이다. 유배우 비율은 남녀 모두 지속적으로 감소하고 있으며, 2020년 기준 절반을 약간 상회하는데, 남성 57.4%, 여성 54.0%이다. 한편, 사별과 이혼은 남녀 모두 증가 추세를 보인다. 비율은 여성에게서 더 높게 나타나며, 2020년 기준 남성은 사별 3.3%, 이혼 4.7%이고, 여성은 사별 14.4%, 이혼 6.8%이다.

<표 2-16> 성별 혼인상태(15세 이상): 2000~2020년

(단위: %)

구분	2000년		2010년		2020년	
	남성	여성	남성	여성	남성	여성
미혼	32.1	23.9	31.9	23.3	34.6	24.8
유배우	62.5	58.7	61.1	56.9	57.4	54.0
사별	2.7	13.1	3.1	13.9	3.3	14.4
이혼	2.7	4.4	3.8	5.9	4.7	6.8

주: 비율의 분모 인구는 혼인상태 미상을 제외함. 단, 2020년은 미상 보완치에 근거한 비율임.
출처: "人口統計資料集", 2024, 国立社会保障·人口問題研究所. 性, 配偶関係別15歳以上人口 : 1920~2020年, 2024. 6. 17. 검색, https://www.ipss.go.jp/syoushika/tohkei/Popular/P_Detail2024.asp?fname=T06-21.htm

위의 15세 이상 인구의 혼인상태를 연령대별로 살펴보자. 2000년과 2020년의 혼인상태에 대한 자료에서 '미상' 비율의 차이가 있기는 하지만, 전체적인 경향과 분포는 크게 다르지 않다. 미혼 비율이 다소 낮게, 사별과 이혼 비율이 약간 증가한 정도다. 그러나 연령대별로 봤을 때는 몇 가지 특징들이 발견된다. 첫째는 유배우 비율의 감소 추세다. 인구 전체적으로는 유배우 비율이 차이가 크지 않지만, 연령대별로는 그렇지 않다. 혼인상태 '미상' 비율을 고려하더라도, 유배우 비율이 감소하는 흐름은 명확하게 나타난다. 특히 20대 초반 이후 두 시점 간 유배우 비율 감소에 따른 격차는 50대 중반까지 커지고, 55세 이후에는 줄어들다 70세 이후에서는 2020년이 더 높다. 결과적으로, 큰 차이 없는 전체 유배우 비율의 수치는 고연령대의 높은 유배우 비율이 상대적으로 낮은 연령대의 낮은 유배우 비율을 상쇄한 것이다. 여기에는 기존 유배우자의 기대수명 증가에 따른 효과(고령화)가 있을 것으로 판단되며, 2000년과 비교했을 때, 시간의 흐름에 따라 유배우 비율은 점차 감소하는, 즉 미혼율의 증가가 발견된다.[5] 한편, 연령이 높아질수록 유배우 비율은 일정 부분 증가하기

---

[5] 이혼과 사별 비율을 합친 수치가 연령대별로 두 시점 간 큰 차이를 보이지 않는다는 측면에서도 이러한 해석은 무리가 없다고 생각된다.

때문에 혼인연령 또한 높아질 것을 예상할 수 있다.

둘째는 고령화의 영향이다. 위의 유배우 비율에서도 일부 확인되기도 하지만, 사별 비율에서도 명확하게 나타난다. 연령대가 높아질수록 사별의 비율이 2000년 대비 2020년에 낮은데, 기대수명의 연장에 따른 결과로 이해된다. 마지막으로 이혼 비율의 증가인데, 2000년과 비교했을 때 40대 이후부터 2020년의 이혼 비율이 더 높게 나타난다.

⟨표 2-17⟩ 혼인상태별·연령별(15세 이상) 인구 구성: 2000년, 2020년

(단위: %)

구분	2000년					2020년				
	미혼	유배우	사별	이혼	미상	미혼	유배우	사별	이혼	미상
전체	27.6	60.0	8.0	3.6	0.9	26.3	55.9	8.4	5.2	4.3
15~19세	99.3	0.6	0.0	0.0	0.0	99.1	0.3	0.0	0.0	0.6
20~24세	90.5	9.0	0.0	0.4	0.0	87.8	5.4	0.0	0.3	6.4
25~29세	61.8	36.5	0.1	1.7	0.1	61.8	28.2	0.0	1.3	8.6
30~34세	34.8	61.8	0.1	3.1	0.1	38.7	52.2	0.1	2.7	6.3
35~39세	19.8	74.1	0.3	4.3	1.5	27.6	63.1	0.2	4.1	5.0
40~44세	13.5	79.6	0.7	4.9	1.2	23.2	66.8	0.3	5.5	4.2
45~49세	10.5	81.3	1.5	5.7	1.1	21.4	66.8	0.6	7.0	4.1
50~54세	7.7	82.3	2.7	6.1	1.2	18.9	67.5	1.2	8.3	4.1
55~59세	5.1	82.9	5.2	5.6	1.2	14.9	70.6	2.3	8.7	3.4
60~64세	3.8	81.3	9.1	4.6	1.2	11.3	73.3	4.3	8.3	2.8
65~69세	3.3	77.1	14.8	3.7	1.2	8.7	73.5	7.5	7.6	2.7
70~74세	2.9	69.7	23.0	3.1	1.3	6.2	71.7	12.4	6.7	2.9
75~79세	2.4	55.8	37.4	2.7	1.6	4.0	66.5	21.0	5.0	3.5
80~84세	1.8	40.7	53.4	2.1	2.1	3.0	55.6	33.3	3.6	4.5
85세 이상	1.4	22.9	71.4	1.6	2.7	2.7	31.5	56.9	2.4	6.5

주: 연령 미상 제외, 하단 자료를 바탕으로 재구성함.
출처: 1) "国勢調査", 総務省, 2000, e-Stat(政府統計の総合窓口). 配偶関係(4区分), 年齢(5歳階級), 男女別15歳以上人口 - 全国(大正9年~平成12年). 2024. 6. 11. 검색, https://www.e-stat.go.jp/stat-search/files?page=1&layout=datalist&toukei=00200521&bunya_l=02&tstat=000000030001&cycle=0&tclass1=000000030898&tclass2=000000030899&tclass3val=0
2) "国勢調査", 総務省, 2020, e-Stat(政府統計の総合窓口). 男女, 年齢(5歳階級), 配偶関係, 国籍総数か日本人別人口及び平均年齢(15歳以上) - 全国, 都道府県, 市区町村. 2024. 6. 11. 검색, https://www.e-stat.go.jp/stat-search/files?page=1&layout=datalist&toukei=00200521&bunya_l=02&tstat=000001136464&cycle=0&tclass1=000001136466&tclass2val=0

지금까지는 전국 단위의 혼인 관련 현황을 살펴봤다면, 여기서는 도도부현별로 보고자 한다. 특별히 혼인하는 주요 연령대의 미혼 비율을 확인하기 위해 남성은 30~34세, 여성은 25~29세를 살펴본다. 앞에서 초혼율이 떨어지고 평균 초혼연령이 높아졌듯이, 이 시기의 남성과 여성의 미혼 비율은 증가한다. 전국 기준으로 남성은 2010년 47.3%에서 2020년 51.8%로, 여성은 60.3%에서 65.8%로 상승한다.

2010년 대비 2020년에 미혼 비율 차이가 가장 큰 지역은 남성은 후쿠시마현으로 8.4%p이고, 여성은 미야기현, 7.5%p이다. 그러나 이 외의 지역들은 순위 차이가 일부 있을 뿐, 대체로 상위권과 하위권의 소속 지역은 유사한 편이다. 물론 고치현이나 와카야마현처럼 미혼 비율의 증가폭의 성별 차가 큰 지역들도 몇몇 보인다(고치현 남성: 5.7%p, 여성 2.9%p / 와카야마현 남성: 4.6%p, 여성 1.1%p).

2020년을 기준으로 할 때, 전국 평균보다 미혼 비율이 높은 지역을 순위별로 나열하면, 남성은 도쿄도, 가나가와현, 아키타현, 교토부, 도치기현, 아오모리현, 이바라키현, 고치현, 지바현, 사이타마현, 후쿠시마현, 군마현, 도쿠시마현, 이와테현이며, 여성은 도쿄도, 교토부, 가나가와현, 오사카부, 나라현, 지바현, 사이타마현, 후쿠오카현, 미야기현이다. 약간의 순위와 개수 차이는 있지만, 여러 지역이 겹치고, 인구 규모가 상대적으로 큰 지역이라는 공통점이 보인다. 전체적으로 봤을 때, 미혼 비율의 지역 간 차이는 분명하게 나타나는데, 2020년 기준 남성은 14.6%p, 여성은 18.2%p의 지역 간 미혼 비율의 차이를 보인다.

〈표 2-18〉 도도부현별 30~34세 남성, 25~29세 여성 미혼 비율: 2010~2020년

(단위: %)

구분	남성 30~34세			여성 25~29세		
	2010년	2015년	2020년	2010년	2015년	2020년
전국	47.3	49.8	51.8	60.3	63.2	65.8
훗카이도	46.6	48.8	51.0	59.5	61.5	63.4
아오모리현	47.7	50.3	53.2	56.3	58.5	60.2
이와테현	45.8	47.9	52.0	53.0	56.2	60.0
미야기현	44.2	47.9	51.4	58.4	63.0	65.9
아키타현	46.5	49.7	53.7	55.7	59.1	61.3
야마가타현	43.3	46.2	50.0	52.8	56.8	59.8
후쿠시마현	43.7	48.7	52.1	51.6	55.4	58.3
이바라키현	48.5	50.7	53.2	57.0	60.0	61.7
도치기현	47.5	49.6	53.2	55.7	58.1	61.3
군마현	46.6	49.5	52.1	56.2	59.4	60.8
사이타마현	49.9	50.9	52.5	61.0	64.2	66.3
지바현	48.8	51.0	52.7	61.1	63.8	66.4
도쿄도	54.3	57.8	58.8	69.5	72.8	75.5
가나가와현	50.0	52.5	54.3	63.0	66.1	68.9
니가타현	45.6	48.2	51.7	57.4	60.1	62.4
도야마현	46.8	48.7	50.9	57.4	59.6	61.2
이시카와현	44.6	46.6	48.2	58.6	60.4	61.2
후쿠이현	43.1	46.0	49.3	55.6	58.8	59.7
야마나시현	47.6	49.3	51.8	59.1	61.7	62.0
나가노현	46.5	48.2	50.1	57.9	60.3	61.8
기후현	44.7	46.3	49.1	55.9	58.9	61.2
시즈오카현	45.7	47.4	50.6	54.8	57.7	60.3
아이치현	45.9	48.2	49.4	56.0	58.7	61.1
미에현	43.8	46.7	49.4	55.3	57.6	60.9
시가현	42.8	45.7	48.1	57.0	60.1	61.7
교토부	49.2	52.2	53.7	66.1	69.1	71.4
오사카부	47.4	49.7	51.3	63.7	65.6	68.2
효고현	44.7	47.1	48.0	61.6	63.8	65.2
나라현	46.8	48.2	49.4	65.2	67.1	68.1
와카야마현	44.0	46.6	48.6	58.8	59.2	59.9
돗토리현	46.0	47.7	49.3	56.1	58.3	60.0
시마네현	44.6	44.6	47.0	54.4	55.7	57.3
오카야마현	44.9	46.6	48.0	57.1	60.1	61.1
히로시마현	43.4	44.5	47.1	56.0	58.0	59.8
야마구치현	44.0	46.4	48.8	55.1	56.4	57.4
도쿠시마현	44.2	49.2	52.0	57.0	61.2	62.1
가가와현	43.2	45.9	47.6	55.6	58.5	59.1
에히메현	43.3	45.4	48.8	55.6	58.4	60.5
고치현	47.1	49.7	52.8	60.0	61.7	62.9

구분	남성 30~34세			여성 25~29세		
	2010년	2015년	2020년	2010년	2015년	2020년
후쿠오카현	45.1	46.8	49.1	62.5	64.2	66.0
사가현	43.4	44.1	46.4	57.1	59.2	59.9
나가사키현	42.8	43.4	44.6	57.8	58.7	59.4
구마모토현	42.1	43.7	45.7	57.1	58.3	60.4
오이타현	44.7	46.5	47.7	57.6	58.8	58.8
미야자키현	39.8	40.7	44.9	53.0	55.7	57.7
가고시마현	40.7	41.1	44.2	56.3	58.5	60.5
오키나와현	45.3	45.2	48.5	57.6	59.2	61.2

주: 비율의 분모 인구는 혼인상태 미상을 제외함. 단, 2020년은 미상 보완치에 근거한 비율임.
출처: "人口統計資料集", 2024, 国立社会保障・人口問題研究所. 都道府県別男子30~34歳, 女子25~29歳未婚者割合: 1970~2020年, 2024. 6. 17. 검색, https://www.ipss.go.jp/syoushika/tohkei/Popular/P_Detail2024.asp?fname=T12-36.htm

2. 출산

일본의 출생아 수는 2000년에 119만 명에서 2022년 77만 명으로 감소했다. 〈표 2-19〉에는 제시하지 않았지만, 출생아 수는 2016년과 2019년에 각각 100만 명, 90만 명 선이 무너지고 급격하게 줄어들고 있다. 출생성비는 지난 22년간 큰 차이는 없고, 여아 100명당 105명 선을 유지하고 있다.

〈표 2-19〉 출생아 수 현황: 2000~2022년

(단위: 명, 여아 100명당 명)

구분	전체	남	여	출생성비
2000년	1,190,547	612,148	578,399	105.8
2010년	1,071,305	550,743	520,562	105.8
2020년	840,835	430,713	410,122	105.0
2022년	770,759	395,257	375,502	105.3

주: 인구동태통계에 근거한 수치임.
출처: "人口統計資料集", 2024, 国立社会保障・人口問題研究所. 性別出生数および出生性比: 1873~2022年, 2024. 6. 18. 검색, https://www.ipss.go.jp/syoushika/tohkei/Popular/P_Detail2024.asp?fname=T04-01.htm

출생아 수의 전반적인 감소 속에 나타나는 출생순위별 출생아 수 비율은 다음과 같다. 발견되는 한 가지 특징은 추가 출산이 줄어드는 것은 아니라는 점이다. 출생아 수 감소의 주요 원인이 추가 출산의 감소였다면, 출생순위별 비중에서 둘째아 혹은 셋째아 이상의 비율이 감소해야 한다. 그러나 오히려 첫째아 비중은 시간의 흐름에 따라 줄어들고, 셋째아 이상의 비중은 증가하고 있다. 둘째아의 경우 증감은 있지만, 비중에서 큰 차이는 없고, 2000년과 2020년의 비중은 동일하다. 이러한 결과로 보아 추가 출산보다는 가임 여성 수의 감소나 유배우 비율의 감소 등이 출생아 수 감소에 더 영향을 미쳤을 것으로 판단된다.

〈표 2-20〉 출생순위별 출생아 수 비율: 2000~2022년

(단위: 명, %)

구분	전체	첫째아	둘째아	셋째아	넷째아	다섯째아 이상
2000년	1,190,547	49.0	36.5	11.8	2.1	0.6
2010년	1,071,305	47.6	36.4	12.7	2.5	0.8
2020년	840,835	46.7	36.2	13.2	2.9	1.0
2022년	770,759	46.1	36.5	13.1	3.1	1.2

주: 인구동태통계에 근거한 수치이며, 전체 출생아 수에는 출생순위 미상을 포함함.
출처: "人口統計資料集", 2024, 国立社会保障・人口問題研究所. 出生順位別出生数および割合: 1950~2022年, 2024. 6. 18. 검색, https://www.ipss.go.jp/syoushika/tohkei/Popular/P_Detail2024.asp?fname=T04-15.htm

다음의 표는 전체 출생아 수를 도도부현별로 구분하고, 그 비중을 제시한 것이다. 2022년 기준 가장 비중이 높은 지역은 도쿄도로 11.8%를 차지하며, 그 뒤로 오사카부(7.4%), 가나가와현(7.3%), 아이치현(7.3%), 사이타마현(6.6%) 등이 나타난다. 출생아 수 비중의 순위는 일부 변동이 있으나, 상위권 지역들은 2000년과 대동소이하다.

2000년과 비교할 때, 출생아 수 비중이 증가한 곳은 도쿄도(3.4%p), 후쿠오카현(0.7%p), 오키나와현(0.4%p), 가나가와현(0.3%p), 아이치현

(0.3%p), 지바현(0.2%p), 구마모토현(0.1%p), 시가현(0.1%p) 정도이며, 나머지 지역은 유지 내지는 감소했다. 저출산의 흐름 속에 지역 편중 현상이 발견된다.

〈표 2-21〉 도도부현별 출생아 수 및 비중: 2000~2022년

(단위: 명, %)

구분	출생아 수				출생아 수 비중			
	2000년	2010년	2020년	2022년	2000년	2010년	2020년	2022년
전국	1,190,547	1,071,305	840,835	770,759	100.0	100.0	100.0	100.0
홋카이도	46,780	40,158	29,523	26,407	3.9	3.7	3.5	3.4
아오모리현	12,920	9,712	6,837	5,985	1.1	0.9	0.8	0.8
이와테현	12,410	9,745	6,718	5,788	1.0	0.9	0.8	0.8
미야기현	22,154	19,126	14,480	12,852	1.9	1.8	1.7	1.7
아키타현	9,007	6,688	4,499	3,992	0.8	0.6	0.5	0.5
야마가타현	10,919	8,651	6,217	5,674	0.9	0.8	0.7	0.7
후쿠시마현	20,332	16,126	11,215	9,709	1.7	1.5	1.3	1.3
이바라키현	28,220	23,989	17,389	15,905	2.4	2.2	2.1	2.1
도치기현	18,976	16,473	11,808	10,518	1.6	1.5	1.4	1.4
군마현	19,445	16,023	11,660	10,688	1.6	1.5	1.4	1.4
사이타마현	66,376	59,437	47,328	43,451	5.6	5.5	5.6	5.6
지바현	55,318	51,633	40,168	36,966	4.6	4.8	4.8	4.8
도쿄도	100,209	108,135	99,661	91,097	8.4	10.1	11.9	11.8
가나가와현	82,906	78,077	60,865	56,498	7.0	7.3	7.2	7.3
니가타현	21,886	18,083	12,981	11,732	1.8	1.7	1.5	1.5
도야마현	10,170	8,188	6,256	6,022	0.9	0.8	0.7	0.8
이시카와현	11,467	9,602	7,712	7,075	1.0	0.9	0.9	0.9
후쿠이현	8,036	6,874	5,313	4,861	0.7	0.6	0.6	0.6
야마나시현	8,374	6,651	5,184	4,759	0.7	0.6	0.6	0.6
나가노현	21,194	17,233	12,864	12,143	1.8	1.6	1.5	1.6
기후현	20,276	16,887	12,092	11,124	1.7	1.6	1.4	1.4
시즈오카현	35,794	31,896	22,497	20,575	3.0	3.0	2.7	2.7
아이치현	74,736	69,872	55,613	51,152	6.3	6.5	6.6	6.6
미에현	17,726	15,262	11,141	10,489	1.5	1.4	1.3	1.4
시가현	14,087	13,363	10,437	9,766	1.2	1.2	1.2	1.3
교토부	23,997	21,234	16,440	15,068	2.0	2.0	2.0	2.0
오사카부	88,163	75,080	61,878	57,315	7.4	7.0	7.4	7.4
효고현	54,455	47,834	36,953	33,565	4.6	4.5	4.4	4.4
나라현	13,270	10,694	7,831	7,315	1.1	1.0	0.9	0.9
와카야마현	9,566	7,587	5,732	5,238	0.8	0.7	0.7	0.7
돗토리현	5,645	4,790	3,783	3,752	0.5	0.4	0.4	0.5
시마네현	6,522	5,756	4,473	4,161	0.5	0.5	0.5	0.5

구분	출생아 수				출생아 수 비중			
	2000년	2010년	2020년	2022년	2000년	2010년	2020년	2022년
오카야마현	19,059	16,759	13,521	12,371	1.6	1.6	1.6	1.6
히로시마현	27,384	25,546	19,606	17,903	2.3	2.4	2.3	2.3
야마구치현	13,121	11,551	8,203	7,762	1.1	1.1	1.0	1.0
도쿠시마현	7,224	5,904	4,521	4,148	0.6	0.6	0.5	0.5
가가와현	9,808	8,397	6,179	5,802	0.8	0.8	0.7	0.8
에히메현	13,207	11,427	8,102	7,572	1.1	1.1	1.0	1.0
고치현	6,811	5,518	4,082	3,721	0.6	0.5	0.5	0.5
후쿠오카현	47,290	46,818	38,966	35,970	4.0	4.4	4.6	4.7
사가현	8,745	7,640	6,004	5,552	0.7	0.7	0.7	0.7
나가사키현	14,098	12,004	9,182	8,364	1.2	1.1	1.1	1.1
구마모토현	17,262	16,246	13,011	11,875	1.4	1.5	1.5	1.5
오이타현	10,910	10,072	7,582	6,798	0.9	0.9	0.9	0.9
미야자키현	11,037	10,217	7,720	7,136	0.9	1.0	0.9	0.9
가고시마현	16,272	15,124	11,638	10,540	1.4	1.4	1.4	1.4
오키나와현	16,773	17,098	14,943	13,594	1.4	1.6	1.8	1.8

주: 1) 인구동태통계에 근거한 수치이며, 전국 수치는 외국 거주자의 일본 국내 출생 수와 미상을 포함함.
2) 도도부현별 출생아 수 비중의 분모는 전국 수치를 활용하였고, 약간의 미상 수치 등에 따라 합계가 100%로 일치하지는 않음.
출처: "人口統計資料集", 2024, 国立社会保障·人口問題研究所. 都道府県別出生数および率: 1900~2022年. 2024. 6. 18. 검색, https://www.ipss.go.jp/syoushika/tohkei/Popular/P_Detail2024.asp?fname=T12-27.htm

일본의 합계출산율은 2000년 1.36명, 2010년 1.39명, 2020년 1.33명, 2022년 1.26명으로 2010년 이후 감소하고 있다. 2022년 기준 합계출산율이 가장 높은 지역은 오키나와현으로 1.70명이고, 뒤로 이어 미야자키현(1.63명), 돗토리현(1.6명), 시마네현(1.57명), 나가사키현(1.57명) 등으로 나타난다. 출산율이 낮은 지역은 도쿄도(1.04명), 미야기현(1.09명), 홋카이도(1.12명), 가나가와현(1.17명), 사이타마현(1.17명) 등의 순이다. 2000년과 비교해볼 때, 합계출산율이 가장 크게 떨어진 곳은 후쿠시마현으로 0.38명이며, 이와테현(0.35명), 야마가타현(0.3명), 미야기현(0.3명), 아키타현(0.27명)이 뒤를 잇는다. 반면, 합계출산율이 유지되거나 소폭 상승한 곳도 발견되는데, 나가사키현과 야마구치현은 유지, 미야자키현과 도야마현은 증가하였다. 특히 미야자키현은 2022년 기준으로도 합계출산율 순위가 2위로 높은 지역이고, 도야마현은 2010년에 하락한 이후 다시 증가한 지역이라는 특징을 보인다. 한편, 돗토리현은 2000년과 비교했을 때는 떨어졌지만, 2020년 대비 2022년에 증가한 지역으로 도야마현과 함께 유일하게 증가했다.

〈표 2-22〉 도도부현별 합계출산율: 2000~2022년

(단위: 가임 여성 1명당 명)

구분	2000년(A)	2010년	2020년	2022년(B)	(B)-(A)
전국	1.36	1.39	1.33	1.26	-0.10
홋카이도	1.23	1.26	1.20	1.12	-0.11
아오모리현	1.47	1.38	1.32	1.24	-0.23
이와테현	1.56	1.46	1.32	1.21	-0.35
미야기현	1.39	1.30	1.20	1.09	-0.30
아키타현	1.45	1.31	1.23	1.18	-0.27
야마가타현	1.62	1.48	1.36	1.32	-0.30
후쿠시마현	1.65	1.52	1.38	1.27	-0.38
이바라키현	1.47	1.44	1.34	1.27	-0.20
도치기현	1.48	1.44	1.32	1.24	-0.24
군마현	1.51	1.46	1.38	1.32	-0.19
사이타마현	1.30	1.32	1.26	1.17	-0.13
지바현	1.30	1.34	1.26	1.18	-0.12
도쿄도	1.07	1.12	1.12	1.04	-0.03
가나가와현	1.28	1.31	1.25	1.17	-0.11
니가타현	1.51	1.43	1.33	1.27	-0.24
도야마현	1.45	1.42	1.42	1.46	0.01
이시카와현	1.45	1.44	1.46	1.38	-0.07
후쿠이현	1.60	1.61	1.55	1.50	-0.10
야마나시현	1.51	1.46	1.47	1.40	-0.11
나가노현	1.59	1.53	1.45	1.43	-0.16
기후현	1.47	1.48	1.41	1.36	-0.11
시즈오카현	1.47	1.54	1.38	1.33	-0.14
아이치현	1.44	1.52	1.43	1.35	-0.09
미에현	1.48	1.51	1.41	1.40	-0.08
시가현	1.53	1.54	1.49	1.43	-0.10
교토부	1.28	1.28	1.25	1.18	-0.10
오사카부	1.31	1.33	1.31	1.22	-0.09
효고현	1.38	1.41	1.39	1.31	-0.07
나라현	1.30	1.29	1.27	1.25	-0.05
와카야마현	1.45	1.47	1.43	1.39	-0.06
돗토리현	1.62	1.54	1.51	1.60	-0.02

구분	2000년(A)	2010년	2020년	2022년(B)	(B)-(A)
시마네현	1.65	1.68	1.59	1.57	-0.08
오카야마현	1.51	1.50	1.47	1.39	-0.12
히로시마현	1.41	1.55	1.47	1.40	-0.01
야마구치현	1.47	1.56	1.47	1.47	0.00
도쿠시마현	1.45	1.42	1.47	1.42	-0.03
가가와현	1.53	1.57	1.46	1.45	-0.08
에히메현	1.45	1.50	1.40	1.39	-0.06
고치현	1.45	1.42	1.42	1.36	-0.09
후쿠오카현	1.36	1.44	1.40	1.33	-0.03
사가현	1.67	1.61	1.58	1.53	-0.14
나가사키현	1.57	1.61	1.60	1.57	0.00
구마모토현	1.56	1.62	1.60	1.52	-0.04
오이타현	1.51	1.56	1.54	1.49	-0.02
미야자키현	1.62	1.68	1.64	1.63	0.01
가고시마현	1.58	1.62	1.61	1.54	-0.04
오키나와현	1.82	1.87	1.83	1.70	-0.12

주: 인구동태통계, 국세조사보고, 인구추계에 근거한 수치이며, 비율 산출의 여성 인구 및 전국은 일본인 인구임.
출처: "人口統計資料集", 2024, 国立社会保障・人口問題研究所. 都道府県別合計特殊出生率: 1925~2022年, 2024. 6. 18. 검색, https://www.ipss.go.jp/syoushika/tohkei/Popular/P_Detail2024.asp?fname=T12-33.htm

다음의 표는 15~49세 여성을 전체 여성과 유배우 여성으로 구분하여 출산율을 제시한 것이다. 확인되는 점 중 하나는 유배우 여성, 즉 혼인 관계에 기반한 상태에서의 출산율이 월등히 높다는 것이다. 2020년 기준 유배우 여성 출산율은 73.0명이고, 2022년 전체 여성 기준으로는 33.3명이다. 유배우 여성의 출산율은 2010년에는 증가했지만, 2020년에는 감소하였고, 전체 여성의 출산율은 계속해서 하락하고 있다.

한편, 유배우 여성을 중심으로 보면, 15~19세를 제외하고, 출산율이 가장 높은 연령대는 2020년 기준 20~24세로 유배우 여성 1,000명당 360.1명이며, 그 이전 시점에서도 동일하게 가장 출산율이 높다. 이후로는 연령대가 높아질수록 출산율이 낮다. 그럼에도 불구하고, 주목할 만한 점은 30세 이후부터 시간이 흐를수록 출산율이 증가하고 있다는 것이다. 20대와 달리 이들은 최근으로 올수록 출산율이 증가한다. 이러한 경향에는 만혼 등에 따른 출산 연기 또는 출산 연령의 증가나 추가 출산의 증가 등을 생각해볼 수 있겠다. 그러나 미혼 여성을 포함한 전체 여성의 출산율을 보면, 전반적으로 출산 연령이 증가하고 있음이 비교적 명확하게 발견된다. 20대의 유배우 출산율은 높지만, 전체 여성을 기준으로는 출산율이 크게 떨어진다. 이는 곧 미혼 여성 비율이 상대적으로 높다는 것이고, 혼인이 늦어진다는 것을 의미한다. 반면, 35세 이상에서는 최근으로 올수록 출산율이 증가하는데, 전체적인 흐름상 만혼의 영향을 예상할 수 있다. 한편, 30~34세는 2020년까지 증가하다 2022년에 2000년 수준으로 하락했다.

〈표 2-23〉 여성 및 유배우 여성의 연령별(5세) 출산율: 2000~2022년

(단위: 천 명당 명)

구분	여성[1]				유배우 여성[2]		
	2000년	2010년	2020년	2022년	2000년	2010년	2020년
전체	41.3	40.4	35.0	33.3	76.7	79.4	73.0
15~19세	5.5	4.6	2.5	1.7	674.2	814.1	784.9
20~24세	39.9	36.1	23.0	18.5	359.7	386.1	360.1
25~29세	99.5	87.4	74.7	69.6	230.1	239.2	230.4
30~34세	93.5	95.3	97.3	93.9	136.0	157.3	169.6
35~39세	32.1	46.2	55.3	53.8	40.2	66.3	81.8
40~44세	3.9	8.1	11.8	12.2	4.6	11.1	16.8
45~49세	0.1	0.2	0.4	0.4	0.1	0.3	0.5

주: 1) ① 인구동태통계에 근거한 수치이며, 연령별 출생아 수는 모의 연령이 15세 미만인 사람은 15~19세에, 50세 이상인 경우에는 45~49세에 포함함.
② 비율 산출의 분모 인구는 해당 연령의 여성 인구, 전체는 15~49세 여성 인구이며, 일본인 인구에 의함.
③ 전체 출생아 수에는 모의 연령 미상이 포함됨.
2) ① 인구동태통계, 국세조사보고 자료에 근거한 수치이며, 비율 산출 분모 인구는 일본인 인구에 의함.
② 연령 및 배우자 관계 미상은 안분하여 사용함. 단, 2020년은 미상 보완치에 근거함.
③ 전체는 재생산 연령 유배우 여성 인구에 대한 출산율로, 연령별 유배우 출산율의 평균값임.
출처: "人口統計資料集", 2024, 国立社会保障·人口問題研究所. 女性の年齢（5歳階級）別出生数および出生率:1925~2022年, 有配偶女性の年齢（5歳階級）別出生率 : 1930~2020年, 2024. 6. 19. 검색, https://www.ipss.go.jp/syoushika/tohkei/Popular/P_Detail2024.asp?fname=T04-07.htm, https://www.ipss.go.jp/syoushika/tohkei/Popular/P_Detail2024.asp?fname=T04-12.htm

출생순위별 부모의 평균 연령을 보면, 성별에 관계없이 평균 출산 연령이 높아지고 있다. '부'의 경우, 첫째아는 2000년 30.2세에서 2022년 32.9세로, 둘째아는 32.6세에서 34.8세로, 셋째아는 34.7세에서 36.0세로 상승했다. '모'는 첫째아 28.0세에서 30.9세, 둘째아 30.4세에서 32.9세, 셋째아 32.3세에서 34.1세로 증가했다. 앞에서 언급한 출산 연령의 증가가 명확하게 발견되고, 남성이 여성보다 출산 순위별 출산 연령이 높게 나타난다.

〈표 2-24〉 출생순위별 부모의 평균 연령: 2000~2022년

(단위: 세)

구분	부			모		
	첫째아	둘째아	셋째아	첫째아	둘째아	셋째아
2000년	30.2	32.6	34.7	28.0	30.4	32.3
2010년	32.0	33.7	35.0	29.9	31.8	33.2
2020년	32.8	34.7	35.8	30.7	32.8	33.9
2022년	32.9	34.8	36.0	30.9	32.9	34.1

출처: "人口動態調査", 総務省, 2000~2022, e-Stat(政府統計の総合窓口). 出生順位別にみた年次別父・母の平均年齢. 2024. 6. 19. 검색, https://www.e-stat.go.jp/dbview?sid=0003411609

출생순위별 출산 연령이 높아짐에는 만혼의 영향과 함께 혼인을 했더라도 출산을 미루거나 뒤늦게 하는 맥락도 있을 것이다. 여기서는 혼인 후 첫째아 출산까지의 기간별 비율과 평균 기간을 살펴보자. 우선, 평균 기간은 2000년 1.89년에서 2022년 2.66년으로 늘어났다. 혼인 후에도 출산 없는 결혼생활의 기간이 늘어나고 있다.

이를 구간별로 살펴보면, 2000년과 2010년에는 1년 미만의 비율이 가장 높았지만, 2020년과 2022년에는 1~2년 미만이 가장 높다. 또한 2년 미만에 해당하는 비율은 시간이 흐를수록 감소하는 반면에, 3~8년 미만까지는 최근으로 올수록 그 비율이 증가하고 있다. 반면, 8년 이상 구간에서는 특별한 양상이 발견되지는 않고, 증감이 유지되거나 반복된다.

〈표 2-25〉 부모의 혼인 후 첫 자녀 출생까지의 기간별 비율 및 평균 기간: 2000~2022년

(단위: %, 년)

구분	2000년	2010년	2020년	2022년
전체	100.0	100.0	100.0	100.0
1년 미만	40.0	34.1	25.2	21.7
1~2년 미만	28.3	27.0	27.0	24.2
2~3년 미만	13.9	14.9	19.1	20.9
3~4년 미만	7.5	8.3	11.1	13.2
4~5년 미만	4.4	5.0	6.7	7.6
5~6년 미만	2.6	3.4	3.9	4.5
6~7년 미만	1.6	2.2	2.4	2.7
7~8년 미만	1.0	1.5	1.5	1.7
8~9년 미만	0.6	1.1	1.0	1.1
9~10년 미만	0.4	0.8	0.7	0.8
10~15년 미만	0.7	1.5	1.3	1.4
15~20년 미만	0.1	0.2	0.2	0.2
20년 이상	0.0	0.0	0.0	0.0
평균 기간	1.89	2.24	2.47	2.66

주: 인구동태통계에 근거한 수치이며, 혼인기간 미상을 제외함.
출처: "人口統計資料集", 2024, 国立社会保障・人口問題研究所. 父母が結婚生活に入ってから第1子出生までの期間別嫡出出生割合および平均期間: 1955~2022年, 2024. 6. 19. 검색, https://www.ipss.go.jp/syoushika/tohkei/Popular/P_Detail2024.asp?fname=T04-14.htm

제3절 사망

2000년 이후의 성별 사망률(‰)을 보면, 남성은 2000년 8.6명에서 2022년 13.5명으로 증가했고, 같은 기간 동안 여성은 6.8명에서 2022년 12.3명으로 증가했다. 여느 사회에서와 마찬가지로 여성의 사망률이 더 낮음이 확인되는데, 모든 연령대에서 여성의 사망률이 남성보다 낮고, 그 격차는 연령이 증가할수록 커진다. 예컨대, 2022년 기준 50~59세의 차이가 2.4‰p였다면, 85~89세의 사망률 격차는 48.0‰p이다.

전반적으로는 영아 사망이 포함된 연령 이후인 5세 이후로 사망률이 감소했다가 점진적으로 증가하는 양상을 보인다. 이후 증가폭의 차이는 있지만, 남성은 주로 65~69세, 여성은 75~79세에서 10명(1,000명당) 이상의 사망률을 보이고, 이후에는 급속도로 증가한다. 한 가지 확인할 수 있는 것은 시간이 흐를수록 사망률은 저연령대에서는 감소, 고연령대에서는 증가한다는 것인데, 이는 곧 기대수명의 증가로 현대사회에서 나타나는 고령화의 전형적인 모습이라고 할 수 있겠다.

〈표 2-26〉 성별, 연령별 사망률: 2000~2022년

(단위: ‰)

구분	2000년	2010년	2020년	2022년
남성				
전체	8.6	10.3	11.8	13.5
0~4세	1	0.7	0.5	0.5
5~9세	0.1	0.1	0.1	0.1
10~14세	0.1	0.1	0.1	0.1
15~19세	0.5	0.3	0.3	0.3
20~24세	0.7	0.6	0.5	0.5
25~29세	0.7	0.7	0.5	0.5
30~34세	0.9	0.8	0.6	0.6
35~39세	1.1	1	0.8	0.8
40~44세	1.8	1.5	1.1	1.2
45~49세	3	2.4	1.8	1.8
50~54세	4.7	3.8	2.9	3
55~59세	7.5	6.3	4.7	4.8
60~64세	11.3	9.4	7.7	7.9
65~69세	18.2	14.6	12.8	13.2
70~74세	28.7	22.7	19.7	22.2
75~79세	45.7	39.6	33.3	35.1
80~84세	80.6	70.5	56.6	60.8
85~89세	131.8	120.4	102.9	112
90~94세	206.8	202.7	180.7	198.2
95~99세	305.3	319	295	348.7
100세 이상	481.6	488.5	431.1	561
여성				
전체	6.8	8.7	10.5	12.3
0~4세	0.8	0.6	0.4	0.4

구분	2000년	2010년	2020년	2022년
5~9세	0.1	0.1	0.1	0.1
10~14세	0.1	0.1	0.1	0.1
15~19세	0.2	0.2	0.2	0.2
20~24세	0.3	0.3	0.2	0.3
25~29세	0.3	0.3	0.3	0.3
30~34세	0.4	0.4	0.3	0.3
35~39세	0.6	0.6	0.5	0.5
40~44세	1	0.8	0.7	0.7
45~49세	1.5	1.3	1.1	1.1
50~54세	2.3	1.9	1.7	1.7
55~59세	3.2	2.8	2.3	2.4
60~64세	4.7	3.9	3.4	3.5
65~69세	7.5	6	5.2	5.5
70~74세	12.4	9.8	8.1	9
75~79세	22.7	17.9	14.8	15.6
80~84세	43.4	34.3	28.7	30.8
85~89세	81.9	69.1	58.4	64
90~94세	142.9	131.2	118.7	129.9
95~99세	231.4	238.2	226.4	259.4
100세 이상	373.4	385.3	368.6	449.1

주: 1) 인구동태통계에 근거한 수치이며, 성별·연령별 인구 1,000명에 대한 사망자 수 비율임.
2) 일본인 인구에 한정되며, 연령 미상은 안분하여 사용함.
출처: "人口統計資料集", 2024, 国立社会保障·人口問題研究所. 性, 年齢（5歳階級）別死亡率 : 1930~2022年, 2024. 9. 17. 검색, https://www.ipss.go.jp/syoushika/tohkei/Popular/P_Detail2024.asp?fname=T05-06.htm

좀 더 구체적으로 평균 기대수명을 살펴보자. 시간이 흐를수록 기대수명 증가를 확인할 수 있는데, 남성은 2000년 77.72세에서 2022년 81.05세, 여성은 84.60세에서 87.09세로 증가하였다. 다만, 2022년은 남녀 상관없이 2020년에 비해 소폭 하락하는데, 추가적인 분석이 필요하겠지만 코로나19의 영향을 생각해 볼 수 있을 것 같다. 이러한 경향은 연령대별로도 대체로 동일하게 나타난다.

한편, 모든 연령대에서 여성의 기대여명이 남성보다 높게 나타나는데, 둘 간의 격차는 연령이 증가할수록 줄어든다. 2022년 기준, 40세의 기대여명의 남녀 간 격차는 5.8세인데, 80세는 2.85세이다.

<표 2-27> 연령별 평균 기대여명: 2000~2022년

(단위: %)

구분	2000년	2010년	2020년	2022년
남성				
0세	77.72	79.55	81.56	81.05
5세	73.1	74.82	76.76	76.25
10세	68.15	69.85	71.78	71.28
15세	63.19	64.89	66.81	66.31
20세	58.33	59.99	61.9	61.39
25세	53.52	55.16	57.05	56.53
30세	48.69	50.33	52.18	51.66
35세	43.89	45.51	47.33	46.8
40세	39.13	40.73	42.5	41.97
45세	34.45	36.02	37.72	37.2
50세	29.91	31.42	33.04	32.51
55세	25.58	26.98	28.5	27.97
60세	21.44	22.75	24.12	23.59
65세	17.54	18.74	19.97	19.44
70세	13.97	14.96	16.09	15.56
75세	10.75	11.45	12.54	12.04
80세	7.96	8.42	9.34	8.89
85세	5.76	6	6.59	6.2
90세	4.1	4.19	4.49	4.14
95세	2.97	2.9	3.06	2.68
100세	2.18	1.98	2.21	1.69
여성				
0세	84.6	86.3	87.71	87.09
5세	79.95	81.55	82.9	82.28
10세	74.98	76.58	77.93	77.3
15세	70.01	71.61	72.95	72.33
20세	65.08	66.67	68.01	67.39
25세	60.16	61.75	63.09	62.48
30세	55.26	56.83	58.17	57.56
35세	50.37	51.94	53.25	52.65
40세	45.52	47.08	48.37	47.77
45세	40.73	42.27	43.52	42.93
50세	36.01	37.52	38.75	38.16
55세	31.4	32.86	34.06	33.46
60세	26.85	28.28	29.42	28.84
65세	22.42	23.8	24.88	24.3
70세	18.19	19.43	20.45	19.89
75세	14.19	15.27	16.22	15.67

구분	2000년	2010년	2020년	2022년
80세	10.6	11.46	12.25	11.74
85세	7.61	8.15	8.73	8.28
90세	5.29	5.53	5.85	5.47
95세	3.73	3.66	3.78	3.41
100세	2.72	2.44	2.53	2.16

주: 전체적으로 완전생명표에 따르되, 2022년은 간이생명표를 기준으로 함.
출처: "人口統計資料集", 2024, 国立社会保障·人口問題研究所. 年齢（5歳階級）別平均余命 : 1921~2022年, 2024. 9. 18. 검색, https://www.ipss.go.jp/syoushika/tohkei/Popular/P_Detail2024.asp?fname=T05-13.htm

다음 표는 2022년 기준 연령별 사인을 1~3순위까지 나타낸 것이다. 전체적으로는 1위가 악성 신생물, 2위가 심장질환, 3위가 노쇠이다. 주로 중장년층 이상에서 나타나는 질환들이다. 특히 1위와 2위는 2022년 우리나라의 사인 순위와 동일하다(통계청, 2023. 9. 21.). 5세 미만에서는 선천성 기형 등, 호흡장애 등, 불의의 사고 등이, 10~30대까지는 자살이 1위인 것이 눈에 띈다.

〈표 2-28〉 연령별 사인 순위: 2022년

(단위: 인구 10만 명당)

구분	1위 사인	1위 사망률	2위 사인	2위 사망률	3위 사인	3위 사망률
전체	악성 신생물	316.1	심장질환	190.9	노쇠	147.1
0세	선천성 기형 등	62.7	호흡장애 등	26.2	불의의 사고	7.8
1~4세	선천성 기형 등	3.4	불의의 사고	1.7	악성 신생물	1.4
5~9세	악성 신생물	1.8	선천성 기형 등	0.6	불의의 사고	0.6
10~14세	자살	2.3	악성 신생물	1.6	불의의 사고	0.6
15~19세	자살	12.2	불의의 사고	3.6	악성 신생물	2.3
20~24세	자살	21.3	불의의 사고	4.5	악성 신생물	2.5
25~29세	자살	19.4	악성 신생물	4.1	불의의 사고	3.6
30~34세	자살	18.4	악성 신생물	7.9	심장질환	3.5
35~39세	자살	19.5	악성 신생물	14.1	심장질환	5.6
40~44세	악성 신생물	25.4	자살	20.5	심장질환	9.7
45~49세	악성 신생물	47.2	자살	21.5	심장질환	18.1

구분	1위		2위		3위	
	사인	사망률	사인	사망률	사인	사망률
50~54세	악성 신생물	82.4	심장질환	30.7	자살	23.4
55~59세	악성 신생물	141.0	심장질환	47.6	뇌혈관질환	26.0
60~64세	악성 신생물	242.2	심장질환	74.9	뇌혈관질환	38.6
65~69세	악성 신생물	404.3	심장질환	112.8	뇌혈관질환	58.2
70~74세	악성 신생물	635.1	심장질환	190.0	뇌혈관질환	99.4
75~79세	악성 신생물	877.3	심장질환	313.0	뇌혈관질환	171.0
80~84세	악성 신생물	1218.7	심장질환	612.8	뇌혈관질환	311.4
85~89세	악성 신생물	1669.4	심장질환	1276.8	노쇠	911.6
90~94세	노쇠	2931.5	심장질환	2566.6	악성 신생물	2026.0
95~99세	노쇠	8273.4	심장질환	4870.2	악성 신생물	2274.5
100세 이상	노쇠	20931.0	심장질환	6811.5	뇌혈관질환	2283.9

주: 1) 하단 출처에서 남녀 전체에 관한 수치와 사인 3위까지만 제시함.
   2) 심장질환은 고혈압성을 제외, 선천성 기형 등은 선천성 기형·변형 및 염색체 이상, 호흡장애 등은 주산기에 특이적인 호흡장애 및 심혈관 장애를 뜻함.
출처: "人口統計資料集", 2024, 国立社会保障·人口問題研究所. 性, 年齢（5歳階級）別死因順位: 2022年, 2024. 9. 18. 검색, https://www.ipss.go.jp/syoushika/tohkei/Popular/P_Detail2024.asp?fname=T05-23.htm

제3장

일본의 인구정책 추진 배경 및 흐름

제1절 일본의 저출산 대책 추진 배경 및 현재까지의 흐름
제2절 일본의 고령화 대책 추진 배경 및 현재까지의 흐름

제3장   일본의 인구정책 추진 배경 및 흐름

제1절 일본의 저출산 대책 추진 배경 및 현재까지의 흐름

1. 저출산 대책 추진 배경 및 엔젤플랜

1990년, 일본의 합계출산율이 1.57로 급락하는 '1.57 쇼크'[6]를 계기로, 일본 정부는 출산율 저하와 아동 수 감소 추세를 심각한 사회 문제로 인식하게 되었다. 이에 따라 일본 정부는 일과 육아의 양립이 가능하도록 지원하는 등 아이를 낳고 기르기 좋은 환경을 조성하기 위한 대책 검토에 착수하였다. 1994년에는 문부성, 후생성, 노동성, 건설성 4개 부처 장관의 합의로 일본 최초의 종합적인 저출산 5개년 계획(1995~1999년)인 '엔젤플랜'이 수립되었다. 이 계획은 일과 육아의 양립을 위한 고용 환경 정비, 어린이집 증설, 연장 보육 서비스 제공, 지역육아센터 정비 등 다양한 보육 서비스 확충을 포함하였다(内閣府, 2015).

이후 1999년 12월에는 「저출산 대책 추진 기본방침」(저출산 대책 추진 관계 각료회의 결정)과 이 방침에 근거한 중점 시책의 구체적 실시 계획으로서 「중점적으로 추진해야 할 저출산 대책의 구체적 실시 계획에 대하여」, 이른바 신엔젤플랜[7]이 발표되었다. 신엔젤플랜(2000~2004년)은 기존

---

[6] 1990년 6월 후생성에서 공표한 「인구동태총계」에서 1989년의 출산율이 1.57로 과거 최저였던 1966년(병오년)의 합계출산율 1.58보다 낮게 나오자 일본에서는 이를 '1.57 쇼크'라고 불렀다. 1966년은 60년 만에 한 번 돌아온다는 백말띠 해로 이 해에 태어난 딸은 성격이 사납고 나중에 결혼하여 남편을 빨리 죽게 한다는 미신이 횡행해, 많은 사람들이 출산을 억제했었다.
[7] 재무성, 문부성, 후생성, 노동성, 건설성, 자치성 6개 부처 장관 합의

엔젤플랜과 긴급보육대책 등 5개년 사업을 재검토한 계획으로, 마지막 해에 달성해야 할 목표치 항목에는 지금까지의 보육 관련 내용뿐 아니라 고용, 모자보건, 상담, 교육 등의 폭넓은 내용이 포함되었다(內閣府, 2015).

2. 저출산사회대책 기본법, 저출산사회대책대강, 아동 및 육아 지원 계획

2003년 7월에는 의원입법에 의해 저출산 사회에서 강구되는 시책의 기본이념을 명확히 하고, 저출산에 적절히 대응하기 위한 시책을 종합적으로 추진하기 위해 「저출산사회대책 기본법」이 제정되어 같은 해 9월부터 시행되었다. 그리고 이 법에 따라 내각부에 내각총리대신을 회장으로 하고 전 각료로 구성된 저출산사회대책회의가 설치되었다. 또한 이 법은 저출산 대응을 위한 시책의 지침으로서 대강을 수립할 것을 정부에 의무화하고 있다. 이에 따라 2004년 6월 저출산사회대책대강이 저출산사회대책회의를 거쳐 각의(국무회의)에서 결정되었다.

저출산사회대책대강은 아이가 건강하게 자라는 사회, 아이를 낳고 기르는 데 기쁨을 느낄 수 있는 사회로의 전환을 시급한 과제로 설정하고, 저출산의 흐름을 바꾸기 위한 시책에 집중하기로 했다. 특히, 육아세대가 안심하고 즐겁게 육아를 할 수 있도록 사회 전체가 응원한다는 기본 원칙 아래, 저출산 흐름을 바꾸기 위한 시책을 국가 차원의 중요한 과제로 보고 '3대 시점'과 '4대 중점 과제', '28개 구체적 행동'을 제시하였다(厚生労働省, 2004).

2004년 12월, 저출산사회대책대강에 포함된 시책의 효과적인 추진을 위해 「저출산사회대책대강에 근거한 구체적인 실시계획에 대하여(아동·육아 지원계획)」를 저출산사회대책회의에서 결정하고, 국가가 지방 공공단체, 기업 등과 함께 추진할 필요가 있는 사항에 대해 2005년부터 2009년도까지 5년간 검토할 구체적인 시책 내용과 목표를 설정하였다.

일본은 1899년에 인구동태 통계를 집계한 이래 처음으로 2005년에 출생아 수가 사망자 수를 밑돌게 된다. 예상보다 빠른 저출산 진행에 대응하기 위하여 저출산사회대책회의는 2006년 6월 「새로운 저출산 대책에 대하여」를 공표하게 된다. 동 대책은 부모의 취업 여부와 관계없이 모든 육아 가정을 지원한다는 관점을 바탕으로 자녀의 성장에 따라 변화하는 육아지원 수요에 대응하는 것을 목표로, 자녀의 성장에 따라 양육지원 수요가 변화한다는 점에 착안하여 임신·출산부터 고등학생·대학생까지 연령별 양육지원책을 마련하였다(少子化社会対策会議, 2006).

한편 일본의 장래추계인구(2006년 12월 추계)에서 일본의 저출산·고령화가 더욱 심각해질 것으로 추계된 결과와 사회보장심의회의 인구구조의 변화에 관한 회의에서 논의된 사항에 근거하여 2007년 12월, 저출산사회대책회의에서는 '아이와 가족을 응원하는 일본 중점전략'(이하 중점전략)을 발표하였다. 중점전략에서는 취업과 출산·육아 중 하나를 선택해야 하는 양자택일 구조를 해결하기 위해 두 가지를 강조했다. 첫째, '일하는 방식의 재검토를 통한 일과 생활의 조화 실현', 둘째, 이를 뒷받침할 사회적 기반으로 '포괄적인 차세대 육성지원 체제의 구축'을 제시하였다(厚生労働省, 2007).

3. 차세대 육성지원 대책추진법[8]

2003년 7월, 차세대 사회를 이끌어갈 아동의 육성과 이를 위한 환경 정비를 민관 합동으로 추진하는 법인 「차세대 육성지원 대책추진법」이

---

[8] 厚生労働省(2003), 厚生労働省(2024a) 내용을 정리함.

제정되었다. 이 법은 「저출산사회대책 기본법」과 동시에 제정되었으며, 지방자치단체와 상시 근로자 101명 이상의 기업에게 차세대 육성지원을 위한 행동계획을 수립할 의무를 부여하였다. 이 법은 차세대 육성지원 대책에 관한 기본 이념, 국가와 지방공공단체, 사업주 및 국민의 의무, 국가의 행동계획 수립 지침, 지방공공단체 및 사업주의 행동계획 수립 등에 관한 내용을 규정하고 있다. 행동계획 수립은 시정촌 및 도도부현과 종업원 301명 이상 사업주에게 의무화되었으며, 종업원 300명 이하의 기업에게는 노력 의무로 규정되었다. 이 조치는 2014년까지 한시적으로 시행되었다.

후생노동성이 제시한 행동계획 수립 지침에는 "행동계획은 가능한 한 정략적이고, 그 달성 상황을 객관적으로 판단할 수 있도록 해야 한다"는 내용이 포함되어 있다. 구체적인 목표로는 육아휴직 취득률의 남녀별 목표 설정, 육아 중 잔업시간 단축, 간호휴직제도, 기업 내 보육시설 설치 등이 제시되었으며, 이 계획의 구체적인 내용은 각 기업이 자율적으로 결정하도록 하였다.

2022년 4월에는 사업주의 행동계획 수립 대상이 종업원 수 301명 이상에서 101명 이상으로 확대되었으며, 100명 이하의 기업에게는 노력 의무가 부과되었다. 2014년 3월에는 해당 법률의 유효기간이 10년 연장되어 2024년까지 적용하게 되었으며, 2024년 5월에는 「육아 및 개호휴업법」과 「차세대 육성지원 대책추진법」을 개정해 법률의 유효기간을 2035년 3월 31일까지로 연장하였다. 2024년 5월 개정된 주요 내용은 아래와 같다(厚生労働省, 2024a).

① 자녀 연령에 따른 유연근무제 실현을 위한 조치 확대
  - 3세 이상의 초등학교 취학 전 자녀를 양육하는 근로자에 대해 사업주는 직장의 수요를 파악한 후 유연근무제를 실현하기 위한 조치를

의무적으로 취해야 한다. 근로자가 이 제도를 선택적으로 이용할 수 있도록 하며, 시업시간 변경, 재택근무, 단시간 근무, 새로운 휴가 부여, 이 외 일하면서 자녀를 양육하기 용이하게 하는 조치 중 2개를 사업주가 선택해 근로자에게 개별적으로 안내하고 의사를 확인하도록 의무화하였다.
- 시간 외 근로의 면제 대상 근로자의 범위가 초등학교 취학 전 자녀를 양육하는 자로 확대되었다(기존 만 3세까지).
- 자녀의 행사 참여 등을 위한 간호휴가 사용이 가능해졌으며, 간호휴가 대상 자녀의 범위도 초등학교 3학년까지 확대되었다. 이와 더불어 근속 6개월 미만 근로자를 간호휴가에서 제외할 수 있는 제도를 폐지하였으며, 만 3세 이하 자녀를 양육하는 근로자를 위한 재택근무 조치가 추가되었다.

② 육아휴직 취득 상황 공표 의무 확대 및 차세대 육성지원 대책의 추진·강화
- 육아휴직 취득 상황의 공표 의무 대상이 상시 근로자 수 1,000명 이상인 사업주에서 300명 이상인 사업주로 확대되었다.
- 「차세대 육성지원 대책추진법」에 근거한 행동계획 수립 시 사업주는 육아휴직 취득 상황 등에 대한 파악과 수치 목표 설정을 의무적으로 해야 한다.
- 「차세대 육성지원 대책추진법」의 유효기간을 2025년 3월 31일에서 2035년 3월 31일로 연장한다.

4. 대기아동 해소 프로젝트9)

한편 일본 정부는 도시부를 중심으로 심각한 문제가 되고 있던 대기아동 해소를 위해 2013년부터 대기아동 해소 가속화 프로젝트를 지속적으로 추진해 왔다. 2013년과 2014년을 긴급 집중 대책 기간으로 설정하여 약 20만 명분의 보육을 집중적으로 정비할 수 있도록 국가 차원에서 전폭적인 지원을 준비하였다. 이 기간 동안 지자체가 속도를 내면 정부가 이를 지원하는 방식으로 대응했다. 일본 정부는 이후 2015년부터 2017년까지를 추진 가속화 기간으로 설정하여 보육시설을 추가 정비하고, 잠재적 수요를 포함한 약 40만 명분의 보육 수용력을 확보하고자 하였으며, 보육 수요가 최고조에 달하는 2017년 말까지 대기아동 문제를 해소하는 것을 목표로 삼았다.

이를 위해 일본 정부는 긴급프로젝트 5대 패키지를 도입했다. 첫째, 임대 방식과 국유지를 활용하여 보육소를 정비하는 방안으로, 시설 정비비를 확충하고 도시부에 적합한 임대 방식을 통해 다양한 주체가 신속하게 시설 정비를 추진할 수 있도록 지원했다. 둘째, 보육의 양적 확대를 위해 보육사 확보에 주력했다. 잠재적인 보육사의 복귀를 촉진하고 다른 업종으로 이직하는 것을 방지하기 위해 보육사의 처우를 개선하였다. 또한 인가 외 보육시설에서 근무하는 무자격자에게 보육사 자격 취득을 지원했다. 셋째, 소규모 보육사업 등 새로운 제도를 우선적으로 시행하였다. 소규모 보육 시설에 운영비, 개수비, 임대료 등을 지원하는 한편, 유치원에서 장시간 보육을 제공하는 제도도 함께 도입하여 이용자들을 지원하였다. 넷째, 인가 외 보육시설을 인가 보육소로 전환하는 것을 지원했다. 이를 위해 인가 외 보육시설이 인가 보육소로 전환할 수 있도록 개수비, 임대료,

---

9) 厚生労働省(2013) 내용을 재정리함.

이전비, 자격 취득비, 운영비 등을 정부가 지원하고, 양질의 인가 보육소로의 전환을 5년간 계획적으로 추진하였다. 마지막으로, 사업소 내 보육시설에 대한 지원을 확대하였다. 보육시설 설치 및 운영 요건을 완화하였는데, 자사 근로자의 자녀를 절반 이상으로 설정했던 기존 요건을 완화해 자사 근로자의 자녀가 1명 이상일 경우에도 시설을 운영할 수 있도록 조정하였다.10) 이를 통해 지역의 대기아동도 사업소 내 보육시설을 더 쉽게 이용할 수 있게 했다.

이러한 정책의 결과로, 2010년에 26,275명에 달하던 대기아동 수는 2023년 4월 1일 기준으로 2,680명까지 감소하였다(こども家庭庁, 2023).

〈표 3-1〉 전국 대기아동 지도(2023년 4월 1일 기준)

(단위: 명, %)

구분	대기아동 수	대기아동률	2022년 대기아동 수	증감
전체	2,680	0.10	2,944	▲264
홋카이도	62	0.07	22	40
아오모리현	0	0.00	0	0
이와테현	27	0.10	35	▲8
미야기현	41	0.09	75	▲34
아키타현	3	0.01	7	▲4
야마가타현	0	0.00	0	0
후쿠시마현	13	0.04	23	▲10
이바라키현	5	0.01	8	▲3
도치기현	0	0.00	14	▲14
군마현	0	0.00	1	▲1
사이타마현	347	0.25	296	51
지바현	140	0.11	250	▲110
도쿄도	286	0.09	300	▲14
가나가와현	222	0.12	220	2

---

10) 기존에는 사업소 내 보육시설을 이용하는 아동 중 50% 이상이 해당 기업에서 일하는 직원들의 자녀여야 했으나, 해당 규정을 완화하여 자사 근로자의 자녀가 1명만 있어도 사업소 내 보육시설을 운영할 수 있도록 변경한 것이다.

구분	대기아동 수	대기아동률	2022년 대기아동 수	증감
니가타현	0	0.00	0	0
도야마현	0	0.00	0	0
이시카와현	0	0.00	0	0
후쿠이현	0	0.00	0	0
야마나시현	0	0.00	0	0
나가노현	9	0.02	9	0
기후현	0	0.00	0	0
시즈오카현	5	0.01	23	▲18
아이치현	52	0.03	53	▲1
미에현	103	0.26	64	39
시가현	169	0.44	118	51
교토부	19	0.03	17	2
오사카부	147	0.08	134	13
효고현	241	0.20	311	▲70
나라현	84	0.32	81	3
와카야마현	39	0.20	30	9
돗토리현	0	0.00	0	0
시마네현	0	0.00	0	0
오카야마현	56	0.12	79	▲23
히로시마현	3	0.00	8	▲5
야마구치현	10	0.04	14	▲4
도쿠시마현	3	0.02	0	3
가가와현	12	0.05	19	▲7
에히메현	9	0.04	25	▲16
고치현	6	0.03	4	2
후쿠오카현	56	0.04	100	▲44
사가현	24	0.10	8	16
나가사키현	0	0.00	0	0
구마모토현	15	0.03	9	6
오이타현	0	0.00	0	0
미야자키현	0	0.00	0	0
가고시마현	61	0.15	148	▲87
오키나와현	411	0.66	439	▲28

출처: "令和5年4月の待機児童数調査のポイント," こども家庭庁, 2023, p.22.

[그림 3-1] 전국 대기아동 지도(2023년 4월 1일 기준)

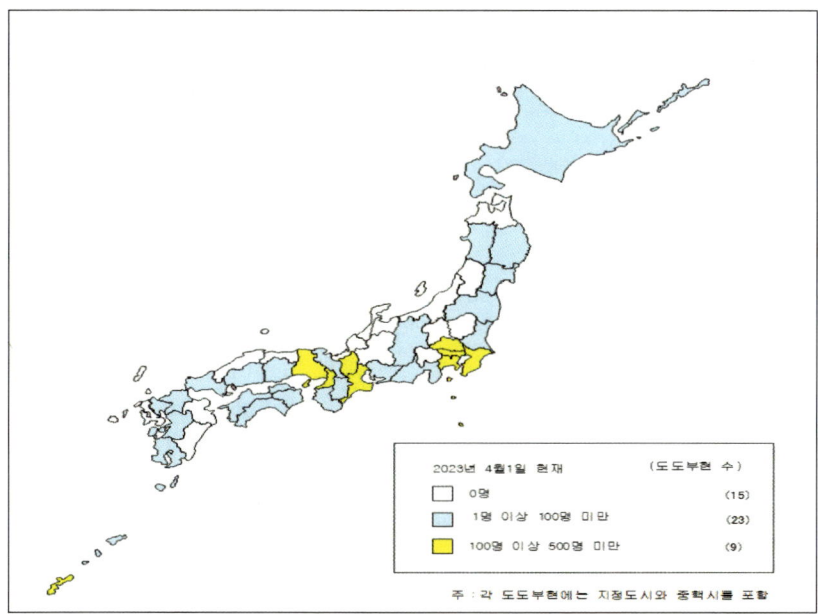

주: 〈표 3-1〉과 연동
출처: "令和5年4月の待機児童数調査のポイント," こども家庭庁, 2023, p.22.

〈표 3-2〉 지금까지의 주요 저출산 대책 개요

연도	명칭	주요 내용 등
1994	향후 육아지원을 위한 시책의 기본 방향에 대해서(엔젤플랜)	일과 육아의 병행이 가능한 고용환경 조성, 다양한 보육서비스 제공, 모자보건의료체계 강화, 주거 및 생활환경 정비 등
	긴급보육 대책 등 5개년 사업	저연령아 연장보육 등 확대, 지역육아종합지원센터 정비 등
1999	저출산 대책 추진 기본방침	전통적 성역할에 의한 분업, 직장 우선주의 기업문화 개선, 일과 육아 양립을 위한 고용환경 정비, 가정 및 지역 환경 조성 등
	중점적으로 추진해야 할 저출산 대책의 구체적 실행계획에 대해서(신엔젤플랜)	보육서비스 관계뿐만 아니라 고용, 모자보건, 상담, 교육 등 사업을 포함한 실행계획
2001	대기아동 제로 작전	보육소, 육아맘, 유치원 돌봄교실 등을 활용하여 대기아동 문제를 해소

연도	명칭	주요 내용 등
2002	저출산 대책 플러스원	남성도 포함한 일하는 방식 재검토, 지역 내 육아지원 등
2003	차세대육성지원대책 추진법	지자체와 기업에 행동계획 수립 의무를 부여
	저출산사회대책 기본법	저출산사회대책회의 설치, 저출산사회대책대강 수립, 국회 보고 등
2004	저출산사회대책대강	저출산의 흐름을 바꾸기 위한 시책을 강력히 추진
	저출산사회대책대강령에 따른 중점 시책의 구체화 실시 계획에 대하여(아동··육아응원플랜)	일가정 양립 지원과 더불어 청년 취업 지원, 일하는 방식 재검토, 불임치료 지원 등 다양한 분야의 구체적인 목표치를 설정
2006	새로운 저출산 대책에 대해	가족-지역사회의 유대감 회복과 사회 전체의 의식 개혁을 위한 국민운동 추진, 연령별 육아지원대책 등
2007	'어린이와 가족을 응원하는 일본' 중점 전략	일하는 방식의 재검토를 통한 일과 생활의 조화(워라밸) 실현, 포괄적인 차세대육성지원 체계 구축 등
2008	신대기아동 제로 작전	보육서비스 다양화 및 양적 확대, 초등학교 취학 이후까지 대상 아동 확대
2010	아동··육아 비전(제2차 대강)	사회 전체가 육아를 지원하고 삶과 일, 육아의 조화를 지향
2012	아동··육아 관련 3법	지역의 아동 및 육아지원, 유아기 학교교육 및 보육을 종합적으로 추진, 소비세율 인상에 따른 수입 증가분의 일부를 사용
2013	대기아동 해소 가속화 계획	약 40만 명 분량의 보육 수요처 확보를 위해 지자체 지원
	저출산 위기를 돌파하기 위한 긴급 대책	결혼-임신-출산 지원을 새로운 축으로, 결혼~육아까지 끊김 없는 지원
2014	방과 후 아동 종합계획	방과 후 아동클럽 및 방과 후 아동교실 확충 및 정비
2015	저출산사회대책대강(제3차 대강)	결혼 지원 추가, 육아지원책 강화, 젊은 나이에 결혼-출산 희망 실현, 다자녀 가구 배려, 일하는 방식 개혁, 지역 실정에 맞는 대책을 실시
2016	일본 1억 총활약 플랜	희망 출산율 '1.8' 달성을 위해 청년 고용 안정 및 처우 개선, 보육서비스 강화, 일하는 방식 개혁 추진 등

연도	명칭	주요 내용 등
2017	육아안심플랜	여성 취업률 80%에 대응할 수 있는 32만 명 분량의 보육 수용력 확보
	새로운 경제정책 패키지	보육 및 유아교육 무상화, 대기아동 문제 해소, 고등교육의 무상화 등
2018	신 방과 후 아동 종합계획	'초등 1학년의 벽' 허물고 방과 후 아동클럽 대기아동 해소 등
2020	저출산사회대책대강(제4차 대강)	희망 출산율 '1.8'을 달성하기 위한 생애주기에 따른 종합대책
	신육아안심플랜	4년간 약 14만 명분의 보육 수용태세 정비, 지역 특성에 맞는 지원, 매력도 향상을 통한 보육교사 확보, 지역의 모든 육아 자원 활용
2023	어린이 미래전략 정책	청년, 육아 가구의 소득 증대에 총력, 아동수당 확대, 양육 가구 주택 30만 호 공급, 출산 비용에 보험 적용 등

주: 하단의 출처를 토대로 작성함.
출처: 1) "少子化の現状と対策," 桐原康栄, 2021, 調査と情報—ISSUE BRIEF(No.1163), p.5.
  2) 内閣官房. (2024). 第1回こども未来戦略会議での主な意見 資料 1.

5. 일본의 저출산 현황과 그 원인

최근 일본의 출산율은 지속적으로 하락하고 있다. 2023년 합계출산율은 1.20으로 나타났는데, 이는 관련 통계가 작성되기 시작한 1974년 이래 가장 낮은 수치이다. 일본의 출산율은 2016년 이후 8년 연속 하락세를 보이고 있으며, 특히 도쿄도의 2023년 출산율은 0.99를 기록하여 처음으로 1 이하로 하락하였다(厚生労働省, 2024b). 일본의 출산율은 빠르게 감소하고 있으며, 2022년에는 처음으로 출생아 수가 80만 명 아래로 하락하였고, 2023년에는 72.7만 명으로 나타나 사상 최저치를 기록하였다. 2024년에는 출생아 수가 더욱 감소하여 70만 명 이하로 떨어질 것으로 예측되고 있다.

[그림 3-2] 합계출산율과 출생아 수 추이

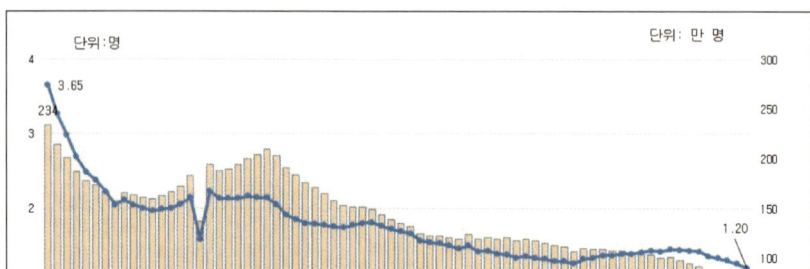

출처: "令和5年(2023)人口動態統計月報年計(概数)の概況," 厚生労働省, 2024b, 統計表, 2024. 8. 12. 검색, https://www.mhlw.go.jp/toukei/saikin/hw/jinkou/geppo/nengai23/index.html 을 토대로 작성.

일본에서 진행되고 있는 저출산의 첫 번째 원인으로 미혼화 및 만혼화의 진행을 들 수 있다. 일본의 경우도 한국과 마찬가지로 혼외출산이 매우 드물기 때문에, 미혼화와 만혼화가 저출산으로 귀결되는 것이다. 25~29세와 30~34세 남성의 미혼율은 1980년 55.2%와 21.5%에서 2020년 76.4%와 51.8%로 상승하였다. 또한 같은 기간 25~29세와 30~34세 여성의 미혼율도 24.0%와 9.1%에서 65.8%와 38.5%로 상승하였다([그림 3-3], [그림 3-4] 참조). 국립 사회보장·인구문제연구소가 발간한 '인구통계 자료집(2024)'에 따르면, 50세까지 한 번도 결혼한 적이 없는 자의 비율을 나타내는 평생 미혼율은 2000년 남성 12.6%, 여성 5.8%에서 2020년 남성 28.3%, 여성 17.8%로 남성은 약 2.2배, 여성은 약 3.1배 수준으로 상승하였다. 이 외에 평균 초혼연령도 2000년 남성 28.8세, 여성 27.0세에서 2022년 남성 31.1세, 여성 29.7세로 상승하였다(国立社会保障·人口問題研究所, 2024).

[그림 3-3] 남성의 연령별 미혼율 추이

(단위: %)

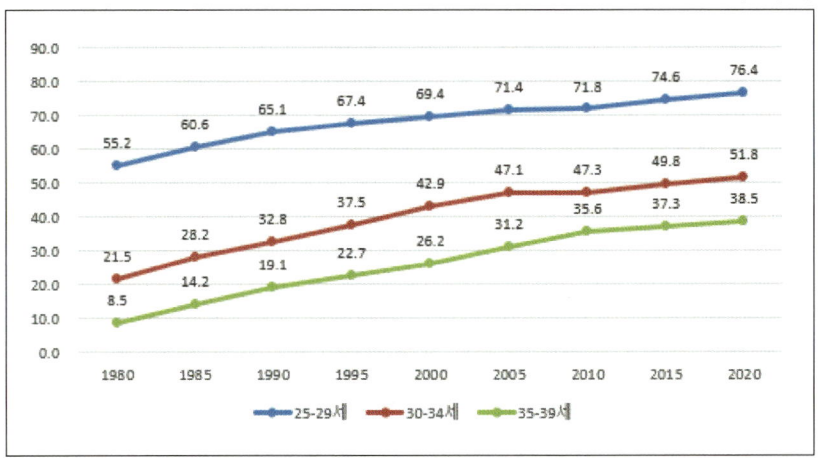

출처: "図表1-1-9 年齢階級別未婚割合の推移", 厚生労働省, 2024c, 2024. 8. 12. 검색, https://www.mhlw.go.jp/stf/wp/hakusyo/kousei/22/backdata/01-01-01-09.html을 토대로 작성.

[그림 3-4] 여성의 연령별 미혼율 추이

(단위: %)

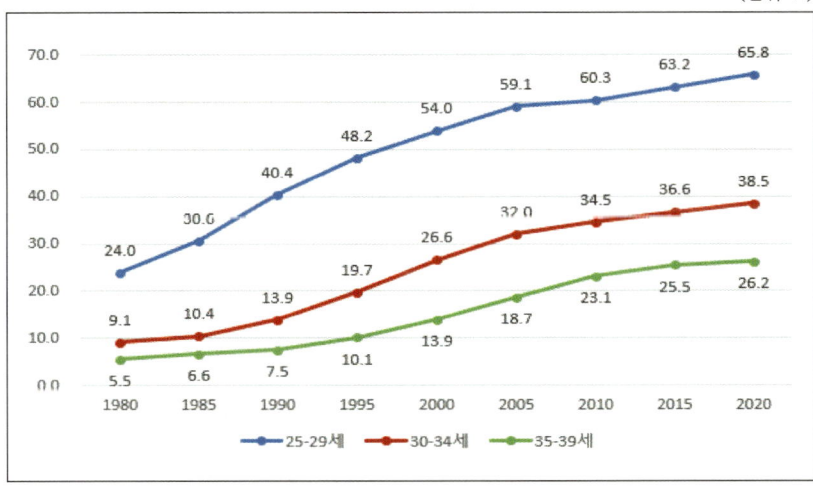

출처: "図表1-1-9 年齢階級別未婚割合の推移", 厚生労働省, 2024c, 2024. 8. 12. 검색, https://www.mhlw.go.jp/stf/wp/hakusyo/kousei/22/backdata/01-01-01-09.html을 토대로 작성.

저출산의 두 번째 원인으로는 청년들의 결혼 및 출산에 대한 인식 변화를 들 수 있다. 국립 사회보장·인구문제연구소가 발표한 '제16회 출생동향 기본조사'에 따르면 18~34세 미혼자 중 언젠가 결혼할 의향이 있다고 응답한 비율은 1982년 남성 95.9%, 여성 94.2%에서 2021년 남성 81.4%, 여성 84.3%로 낮아졌다(国立社会保障·人口問題研究所, 2021, p.18). 또한, 일본 결혼정보회사 오넷이 매년 성년을 맞이하는 성인을 대상으로 실시하는 '연애 및 결혼에 관한 의식조사'에서도 결혼하고 싶다고 응답한 성인의 비율이 1997년 89.5%에서 2023년 78.6%로 낮아진 것으로 나타났다(株式会社オーネット, 2023. 1. 4.).

낮아진 결혼 의향에 대해 구체적으로 살펴보면, 국립 사회보장·인구문제연구소의 '출생동향 기본조사'에서 결혼 의향이 있는 미혼자에게 현재 미혼인 이유를 물은 결과, 2021년 기준으로 '적당한 상대를 아직 만나지 못해서'라는 응답이 가장 빈번했다(25~34세 남성 43.3%, 여성 48.1%). '독신의 자유와 여유를 잃고 싶지 않아서'(25~34세 남성 26.6%, 여성 31.0%), '아직 결혼할 필요성을 느끼지 못해서'(25~34세 남성 25.8%, 여성 29.3%)라는 응답이 뒤따랐다(国立社会保障·人口問題研究所, 2021, p.24).

저출산의 세 번째 원인으로는 육아에 대한 경제적 부담이 크다는 점을 들 수 있으며, 특히 자녀 교육비에 대한 부담이 상당히 크다. 내각부가 2021년 발표한 '저출산 사회에 관한 국제 의식 조사'(内閣府, 2021)에 따르면, 2020년 현재 육아에 드는 경제적 부담은 학원 등 학교 외 교육비(59.2%), 학원 등 학교 외 학습비(42.8%), 보육비(39.0%) 순으로 높게 나타났다. 특히 학원 등 학교 외 교육비, 학원 등 학교 외 학습비라고 응답한 비율은 2010년 조사에 비해 각각 22.7%p, 22.9%p 상승하였다.

네 번째 원인으로는 여성의 육아 및 가사 부담이 크다는 점을 들 수 있다.

OECD가 2020년에 정리한 생활시간 국제비교 데이터(15~64세 남녀 대상)에 따르면, 남성의 하루 유급노동시간(시장에서 노동력을 제공하고 대가를 받는 시간)은 일본이 452분으로 가장 긴 반면, 무급노동시간(가사, 육아, 간병, 보육, 육아, 쇼핑, 자원봉사 등 대가를 요구하지 않는 노동시간)은 41분으로 가장 낮았다(OECD, 2020). 일본 남성의 가사 및 육아 시간은 주요 선진국에 비해 짧으며, 여성에게 가사 및 육아의 부담이 편중되어 있음을 알 수 있다. 또한, 일본에서는 남성의 육아휴직 취득률도 낮다. 후생노동성의 고용평등기본조사에 의하면, 2021년 민간기업에 근무하는 일본 남성의 육아휴직 취득률은 13.97%로 역대 최고치를 기록했지만, 여성의 85.1%와는 여전히 큰 차이를 보이고 있다(こども政策担当大臣, 2023. 3. 31.).

이 외에 남녀 임금 격차가 존재한다는 점[11], 관련 정책이 육아세대에 편중되어 있다는 점, 결혼에 대한 경제적 부담이 큰 점 등도 저출산의 원인으로 고려해 볼 수 있을 것이다.

제2절 일본의 고령화 대책 추진 배경 및 현재까지의 흐름

1. 고령화 대책 추진 배경 및 골드플랜

1980년대 일본은 평균수명 80세를 달성하며 세계 최장수 국가로 자리 잡았다(厚生省, 1989). 당시 일본 내 65세 이상 고령자가 있는 가구 구성 비율을 살펴보면, 1980년에는 3세대 가구가 50.1%로 절반을 차지하였

---

11) 2022년 일본 남성의 임금 수준은 여성에 비해 21.3% 높은 것으로 나타났는데, 이는 OECD 평균 11.4%에 비해 높은 수준이다(OECD, n.d.).

으나 1985년에는 45.9%, 1990년에는 39.5%로 급격하게 줄어들기 시작하였다(内閣府, 2023).

또한, 1985년에 '남녀고용기회 균형법'이 제정되어 여성의 사회진출이 활발해지면서, 가족들이 함께 혹은 가까운 곳에 살더라도 이전과 같은 가정 내 돌봄을 기대하기 어려워졌다. 즉, 당시 가구 구성의 변화 및 가정 내 돌봄 기능 약화로 인해 다가오는 고령사회에 대비한 복지 서비스 관련 인프라 정비와 인재 확보가 시급한 과제가 되었다.

이에 일본 정부는 1989년 12월 골드플랜(고령자 보건복지 추진 10개년 전략)을 발표하였다(厚生省, 1989). 골드플랜 발표에 앞서 관련 재원을 확보한다는 명분으로 1989년 4월 처음으로 소비세(3%)를 도입하였다. 이후에도 고령사회 대책에 필요한 재원을 마련하기 위하여 1997년에는 5%, 2014년에는 8%, 2019년에는 10%(식음료품이나 신문은 경감세율을 적용하여 8% 유지)로 단계적으로 소비세를 인상하였다(厚生省, 1989; 森信茂樹, 2021).

2. 골드플랜의 주요 내용 및 평가

골드플랜은 1989년 12월, 당시의 대장성, 후생성, 자치성이 합의하여 발표한 전국적인 개호 기반 정비를 위한 계획으로, 공식 명칭은 '고령자 보건복지 추진 10개년 전략'이다. 이 계획은 1990년부터 1999년까지 10년간 고령자 개호 기반을 정비하기 위한 구체적인 사업 내용을 담고 있다. 주요 내용은 다음과 같다(厚生省, 1989).

첫째, 시정촌의 재가복지 대책 긴급 정비이다. 재가복지 추진 10개년 사업을 위하여 홈 헬퍼 10만 명, 단기입소 5만 침상, 주간보호 1만 곳, 재가 개호 지원센터 1만 곳 확보라는 수치 목표를 제시하였다. 그 외 전국 시정촌에 재가복지 서비스 및 재가복지 사업 실시 주체를 보급하여, 인구 5만 명 미만 시정촌을 포함한 '살기 좋은 복지 마을만들기 사업' 추진이라는 목표도 제시했다.

둘째, '와상 노인 제로 작전'을 전개하며 지역사회에서 기능훈련을 받기 쉽도록 시스템을 마련하고 희망하는 사람은 누구나 기능훈련을 받도록 할 것, 전 국민을 대상으로 뇌졸중 정보 시스템을 정비할 것, 개호를 지원할 요원(홈 헬퍼 증원 및 재가개호지원센터 보건부, 간호부 등의 요원 2만 명 및 재가개호상담 협력원이라 불리는 지역 봉사자 8만 명)을 확보할 것, 뇌졸중, 골절 등의 예방을 위한 양질의 건강교육을 마련할 것 등의 목표를 설정하였다.

셋째, 재가복지 등의 충분한 정비를 위한 '장수 사회복지기금'의 설치이다. 재가복지 사업 등의 활성화를 위하여 700억 엔 규모의 기금을 설치하고, 이 기금은 주로 재가복지 및 재택의료사업 지원, 고령자의 삶의 보람과 건강대책 추진에 사용할 것을 목표로 하였다.

넷째, 시설 긴급 정비이다. 시설 대책 추진 10개년 사업으로 특별양호 노인 홈 24만 침상, 노인보건시설 28만 침상, 케어하우스 10만 명, 과소 고령자 생활복지센터 400곳 마련을 목표로 하였다.

이 외의 주요 내용으로는 고령자의 삶의 보람 대책 추진(활기찬 장수 사회 만들기 추진 기구를 진 도도부현에 실치, 고령자의 삶의 보람과 건강 만들기 추진 모델 사업 추진), 장수과학연구 추진 10년 사업(연구 기반 조성을 위한 국립장수과학연구센터 설치 및 장수과학연구를 지원할 재단의 설립, 기초 분야부터 예방법, 치료법 개발, 간호 및 개호 분야에 관한 프로젝트 연구 실시 등), 고령자를 위한 종합적인 복지시설 정비(민간 사업에 의한 노후 보건 및 복지를 위한 종합적인 시설 정비 촉진, 공적 사업 주체에 의한 고령자의 생활, 개호, 건강 만들기 및 삶의 의미를 찾을 수 있는 활동을 목적으로 한 종합적인 시설 정비) 등이 있다.

이처럼 골드플랜은 고령자 보건복지 추진을 위한 인프라의 구체적인 수치 목표와 관련 연구 기반 및 기금 설치 등을 포함하고 있다. 특히, 재가복지의 3대 축으로 여겨지는 '홈 헬퍼', '단기입소', '주간보호'에 대한 구체적인 수치 목표를 제시하면서 전국적으로 돌봄 서비스가 정비되기 시작하였다는 점이 특징이다.

골드플랜은 고령자에게 양질의 보건복지서비스를 제공하기 위해 수립된 10개년 계획으로, 총사업비 약 6조 엔 이상이 투입된 대규모 시책이었다. 이처럼 대규모의 장기적인 시책 목표가 설정된 것은 보건복지 분야에서 처음으로, 고령자를 위한 적극적인 서비스 확충을 시도한 정부의 획기적인 정책으로 평가되었다.[12]

1993년 지방 노인보건복지계획 집계 결과, 골드플랜에서 설정한 목표보다 더 많은 서비스가 필요하다는 사실이 파악되었고, 1994년 12월 후생성, 대장성, 자치성 3개 부처 장관이 합의하여 신골드플랜이 수립되었다(大蔵・厚生・自治3大臣合意, 1994). 일본 내 주요 정부기관이 합의하여 수립한 신골드플랜은 고령사회 대책을 위한 다양한 내용을 포함하고 있으며, 새로운 공적 개호 시스템 창설을 위한 종합적인 대책과 관련한 검토가 이루어지며, 개호보험제도의 원활한 창설로 이어졌다고 평가받고 있다. 즉, 골드플랜을 계기로 재가복지와 시설복지 서비스의 기반이 본격적으로 정비되는 등 고령화 대책이 다양한 측면에서 진전을 이루었다.

---

12) 반면, 복지학자들 사이에서는 소비세를 도입하면서까지 마련한 고령사회 대책을 위한 재원이 제대로 사용될지에 대한 회의적인 시각이 존재하기도 하였다(香取照幸, 2022, p. 67).

3. 골드플랜 이후의 정책 흐름 및 방향성

일본은 1970년에 고령화사회에 진입하였으며, 급속하게 진행되는 고령화에 대응하기 위해 고령자 복지를 선별적 서비스에서 보편적 서비스로 확대하는 골드플랜을 도입하였다. 또한, 서비스 제공을 위한 전문 인재를 양성하고 확보하기 위하여 1987년에는 '사회복지사 및 개호복지사법'을 제정하였다.

1990년에는 노인복지법 등을 포함한 복지 8법의 개정이 이루어졌고, '시정촌 및 도도부현 노인보건복지계획' 수립이 의무화되었다. 그 결과, 전국에서 작성된 노인보건복지계획에서 골드플랜의 수치 목표보다 더 많은 서비스가 필요하다는 것이 확인되었다. 이에 따라 1994년에는 골드플랜을 개정한 '신골드플랜'이 발표되었다. 신골드플랜은 ① 이용자 본위 및 자립 지원, ② 보편주의, ③ 종합 서비스 제공, ④ 지역주의를 기본 이념으로 삼고, 재가복지와 시설복지 서비스 확충을 위한 구체적인 수치 목표와 전문 인재 양성이라는 목표를 제시하였다. 또한, 1991년에 도입된 '노인방문간호' 서비스를 전국적으로 확대하기 위해 방문간호 스테이션 5,000곳 설치를 제시하는 등 지역사회에서 안심하고 생활할 수 있는 서비스 기반이 정비되기 시작하였다(大蔵·厚生·自治3大臣合意, 1994).

1995년에는 고령화 대책의 기본 방향을 설정하고 종합적인 대책을 추진하고자 '고령사회대책 기본법'이 제정되었다. 이 법은 ① 공정하고 활력 있는 사회, ② 풍부한 사회 구축, ③ 자립과 연대의 정신에 입각한 지역사회를 기본 이념으로 한다. 이후, 이 법에 근거하여 '고령사회대책대강'이 발표되었으며, 주기적인 개정을 통하여 새로운 사회적 과제에 대응하고 있다.

신골드플랜이 종료되는 1999년에는 골드플랜 21(향후 5년간의 고령자

보건복지시책 방향)'을 수립하였다. 이 계획은 ① 활력 있는 고령자상 구축, ② 고령자의 존엄 확보 및 자립 지원, ③ 서로 돕는 지역사회 형성, ④ 이용자로부터 신뢰받는 개호서비스 확립을 목표로 하였다(厚生労働省, 1999. 12. 19).

2000년에는 개호보험제도가 도입되어 고령사회 대책의 큰 틀이 확립되었다. 개호보험제도는 종래의 노인복지제도 및 노인의료제도의 한계를 극복하기 위하여 '개호의 사회화'를 목적으로 1997년에 제정된 개호보험법에 따라 2000년 4월부터 시행되었다.

이처럼 골드플랜을 전후로 일본에서는 지역사회에서 안심하고 살 수 있도록 개호 인프라를 정비하고 관련 인재 양성을 위한 정책을 전개하며, '시설에서 지역사회로'의 흐름이 제시되었다.

제4장

일본의 인구정책 추진 현황

제1절 일본의 저출산 대책 현황
제2절 일본의 고령화 대책 현황
제3절 인구정책 컨트롤타워 및 저출산 관련 예산 현황
제4절 저출산에 대한 일본 민간단체 등의 제언

제4장 일본의 인구정책 추진 현황

제1절 일본의 저출산 대책 현황

1. 아동기본법 제정

　오랜 기간 저출산 대책이 추진되었음에도 불구하고 출산율이 반등하지 않았고, 아동학대와 같은 문제들이 지속적으로 발생함에 따라 아동들의 삶의 질이 개선되지 못하였다. 일본은 아동의 권리를 보장하기 위한 별도의 법을 제정하지 않았는데, 특히 코로나19를 계기로 아동의 권리와 삶의 질이 더욱 심각하게 위협받고 있다는 인식이 확산되었다. 이에, 아동의 권리와 삶의 질이 보장되어야 한다는 사회적 공감대가 형성되었다. 이러한 맥락에서 2021년 12월 '아동정책의 새로운 추진 체계에 관한 기본방침'이 각의에서 결정되었으며, 아동 시책을 사회 전체에서 종합적이고 강력하게 추진하기 위한 포괄적인 기본법인 아동기본법이 2022년 6월에 제정되어 2023년 4월에 시행되었다.

　아동기본법은 차세대 사회를 이끌어갈 모든 아동이 인격 형성의 기초를 쌓고 자립적인 개인으로서 평등하고 건강하게 성장할 수 있도록 하며, 심신 상태나 환경에 관계없이 아동의 권리가 옹호되고, 장래에 행복한 삶을 영위할 수 있는 사회의 실현을 위해 아동 시책에 관한 국가의 책무를 밝히고, 사회 전체가 아동 시책의 기본이 되는 원칙을 규정하는 것을 목적으로 하고 있다. 또한, 동법의 기본 이념은 ① 모든 아동에 대하여 개인으로서 존중받고 기본적 인권을 보장받으며 차별적 처우를 받지 아니할 것, ② 모든 아동에 대하여 적절하게 양육되고 생활이 보장되며 사랑과

보호를 받을 권리 등 복지에 관한 권리가 동등하게 보장되고, 교육 기본법의 정신에 따라 교육을 받을 기회가 균등하게 주어질 것, ③ 모든 아동에 대하여 연령 및 발달 정도에 따라 자기와 직접 관련된 모든 사항에 대하여 의견을 표명할 수 있는 기회와 다양한 사회활동에 참여할 수 있는 기회가 보장될 것, ④ 모든 아동에 대하여 연령 및 발달 정도에 따른 의견 존중, 최선의 이익이 우선적으로 고려될 것, ⑤ 아동의 양육은 가정을 기본으로 하며, 부모 등 보호자에게 일차적 책임이 있다는 인식하에 충분한 양육 지원 및 가정 내 양육이 어려운 아동의 양육환경을 확보할 것, 마지막으로 ⑥ 가정과 육아에 대한 긍정적인 기대와 육아의 기쁨을 느낄 수 있는 사회환경의 정비로 정리할 수 있다(こども基本法の概要, 2022).

2. 어린이 미래전략 정책

일본의 출산율 감소 추세가 지속되는 가운데, 2022년에는 출생아 수가 1899년 통계 작성 시작 후 최저치를 기록하였다. 이러한 상황을 반전시키고자 2023년 6월 기시다 정권은 '어린이 미래전략 정책'을 각의에서 결정하였다. "동 정책의 결정 과정에서 '경제성장 실현과 저출산 대책을 양 축으로 한 대규모 종합계획의 마련', '2030년대까지가 마지막 기회라는 점을 감안한 규모의 확보', '정책 추진 과정에서 속도감 중시'라는 세 가지 핵심 요소가 강조되었다. 또한, 동 정책의 기본 이념은 ① 젊은 세대의 소득 증대, ② 사회 전체의 구조와 의식 변화, ③ 모든 아동 및 양육가구에 끊김 없는 지원이라는 세 가지 원칙에 기반하고 있다. 기시다 정권은 안정적인 재원을 확보하기 위해 아동·보육을 위한 새로운 특별회계를 창설하고, 철저한 세출 개혁 등을 추진할 계획이다. 또한, 사회의 다양한 분야에서 협력하여 공평한 방식으로 재정 부담을 나눌 수 있는 새로운 틀, 일명 '지원금 제도(가칭)'를 도입할 계획이다."(熊谷 亮丸,

2023, p.1)

아래에서는 어린이 미래전략 정책의 세 가지 이념(① 젊은 세대의 소득 증대, ② 사회 전체의 구조와 의식 변화, ③ 모든 아동 및 양육 가구에 끊김 없는 지원)을 각각 구체적으로 살펴보고자 한다.

가. 기본 이념 1: 젊은 세대의 소득 증대[13]

젊은 세대가 '인생의 러시아워'라고 불리는 학습, 취업, 결혼, 출산, 육아 등 다양한 일들이 겹치는 시기에 현재의 소득과 미래의 전망을 가질 수 있도록 하는 것, 즉 젊은 세대의 소득 증가가 필요하다. 이를 위해 아동·보육 정책의 범주를 넘어선 큰 사회경제 정책으로 가장 중요한 과제인 임금 인상을 추진하며, 이를 통해 지속 가능한 성장을 가능하게 한다.

특히 임금 인상을 일시적인 것이 아니라 구조적으로 확고히 하기 위하여 리스킬링을 통한 능력 향상 지원, 개별 기업 실정에 맞는 직무급 도입, 성장 분야로의 노동이동 촉진을 포함한 노동시장 개혁을 추진할 예정이다. 또한, 모든 근로자가 임금 인상을 체감할 수 있고, 남녀 모두 일하기 좋은 환경을 조성하며 동일노동 동일임금의 이행, 비정규직의 정규직화 등 고용의 안정성과 질적 향상을 도모한다.

이러한 시책을 뒷받침하는 기반으로서 다양한 근무 형태를 효과적으로 지원하는 고용 안전망 구축을 위해 주 소정근로시간 10시간 이상 20시간 미만 근로자를 고용보험 적용 대상에 포함하고, 2028년도 시행을 목표로 필요한 법안을 제출할 예정이다. 또한, '연봉의 벽(106만 엔~130만 엔)'에 의해 제한받지 않고 일할 수 있도록 단시간 근로자에 대한 고용보험 적용 확대와 최저임금 인상을 추진한다. 이 외에 전국 어느 지역에 거주하더라도

---

[13] 内閣官房(2024, p.2) 내용을 토대로 정리함.

청년과 육아 세대가 경제적 불안 없이 양질의 고용 환경에서 미래 전망을 가지고 생활할 수 있도록 지방 창생을 위한 노력을 지속한다.

나. 기본 이념 2: 사회 전체의 구조와 의식 변화[14]

일본의 저출산 문제는 사회 구조와 사람들의 의식에 뿌리를 둔 요인과 관련되어 있다. 따라서 육아의 부담이 여성에게 편중되어 있는 현실을 개선하여 일·가정 양립이 가능하도록 해야하는데, 부부가 서로 협력하여 육아를 하고, 직장이 이를 응원하고 지역사회 전체가 지원하는 사회를 구축해야 한다.

이를 달성하기 위해서는 그동안 참여가 적었던 기업과 남성뿐 아니라 지역사회, 고령자, 독신자 등 다양한 사회 구성원이 참여하여 사회 전체의 구조와 의식을 변화시켜야 한다. 특히 기업은 출산·육아 지원을 투자로 인식하고, 직장 문화와 분위기를 근본적으로 변화시켜 남녀 모두가 부담 없이 육아휴직을 사용할 수 있는 환경을 만들어야 한다. 이를 위해서는 기업 경영진의 인식 변화와 함께 육아휴직 제도를 유연화하여 근무 형태에 따른 제약이 없도록 해야 한다. 또한, 지방의 여성 유출 문제를 해결하기 위해서 여성들이 전국의 중소기업에 적극적으로 참여할 수 있는 환경을 조성해야 한다.

일하는 방식의 개혁을 통해 장시간 노동을 줄이고, 육아 및 가사에 충분한 시간을 확보하기 위하여 귀가 시간을 앞당기며, 유연한 근무 형태를 실현해야 한다. 이러한 변화는 육아 가정뿐 아니라 생산성과 근로 환경을 개선하여 사업주에게도 긍정적 효과를 가져오며, 유능한 인재를 확보하는 데 기여할 수 있다.

---

14) 内閣官房(2024, p.3) 내용을 토대로 정리함.

다. 기본 이념 3: 모든 아동 및 양육 가구에 끊김 없는 지원[15]

아동 및 육아 지원은 부모의 취업 형태와 관계없이, 모든 가정에 차별 없이, 생애 단계에 따라 끊김 없이 지원되어야 한다. 그간 아동 및 육아 정책이 강화되어 왔으나 사회경제적 여건이 크게 변화함에 따라 향후 추진해야 할 정책의 내용도 변화하고 있다.

구체적으로, 모든 육아 가정을 동등하게 지원하고, 육아교육 및 보육의 양적·질적 측면 모두를 강화하며, 그간 지원이 상대적으로 부족했던 임신 및 출산기부터 0~2세 아동에 대한 지원을 강화할 필요가 있다. 또한, 빈곤 아동, 학대 아동, 장애 아동, 의료적 돌봄이 필요한 아동, 한부모 가정의 아동 등 다양한 지원에 대한 수요를 가지고 있는 아동에 대하여 보다 세심한 대응이 필요하다. 이러한 관점에서 아동 및 육아 지원 현행 제도를 재검토하고, 필요한 지원이 끊김 없이 지속적으로 제공될 수 있도록 종합적 제도 체계를 구축하는 것을 목표로 설정한다.

3. 주요 저출산 대책

'어린이 미래전략 정책'에 포함된 내용을 바탕으로 하여 일본 저출산 대책의 구체적 내용을 정책별로 살펴보면 다음과 같다.

가. 육아 가구의 가계 지원

아동수당의 근본적 확대를 추진한다.[16] 기존에는 연 소득 960만 엔 미만의 가구를 대상으로 아동의 중학교 졸업 시까지 3세 미만에게는

---

15) 内閣官房(2024, p.4) 내용을 토대로 정리함.
16) 静岡市(2024. 10. 8.) 내용을 토대로 정리함.

월 15,000엔, 3세~초등학생에게는 첫째 또는 둘째일 경우 10,000엔, 셋째일 경우 15,000엔, 중학생에게는 10,000엔을 지급하였다. 연 소득이 960만 엔 이상 1,200만 엔 미만인 경우에는 일률적으로 자녀 1명당 월 5,000엔을 지급하였으며, 연 소득이 12,000엔 이상일 경우에는 지급 대상에서 제외되었다. 이를 2024년 10월부터 가구소득과 무관하게 아동의 고등학교 졸업 시까지 3세 미만에게는 첫째 또는 둘째일 경우 월 15,000엔, 셋째일 경우 30,000엔을, 3세~고등학생에게는 첫째 또는 둘째일 경우 10,000엔, 셋째일 경우 30,000엔을 지급하는 것으로 대상자와 지급액을 확대한다. 또한, 지급 방식도 변경되는데, 기존에는 4개월에 1회(2월, 6월, 10월에 각 전월까지의 4개월분을 지급) 지급되었으나, 2개월에 1회(짝수월에 각 전월까지의 2개월분을 지급) 지급하는 방식으로 개선이 이루어진다.

출산·육아 일시금을 인상한다. 출산 비용에 대하여 기존에는 아동 1명당 42만 엔이 지급되었으나, 2023년 4월부터 아동 1명당 50만 엔으로 지급액을 인상하여 지급해오고 있다(厚生労働省, 2024d).

출산·육아 응원 교부금 제도를 신설한다. 2026년부터 임신 시점(임신 8~10주)에 50,000엔, 출생 신고 시 각 자녀당 추가 50,000엔을 지급하며, 현금 또는 육아 물품 등으로 제공한다(こども家庭庁長官, 2023).

고등교육비 지원을 대폭 확충한다.[17] 먼저, 급여형 장학금 대상을 확대한다. 기존에는 다자녀 가구라 하더라도 소득 기준을 총족해야 고등교육비(대학) 지원을 받을 수 있었다. 구체적으로는 연 소득이 약 270만 엔 이하인 경우 등록금 전액 지원, 약 300만 이하인 경우 등록금의 2/3 지원,

---

17) 文部科学省(2024) 내용을 토대로 정리함.

약 380만 엔 이하인 경우 등록금의 1/3이 지원되었으며, 약 380만 엔을 넘어서는 경우는 지원 대상에서 제외되었다. 이를 우선적으로는 2024년부터 부양 자녀가 3명 이상인 다자녀 가구 및 사립대학에 진학하는 학생이 있는 가구를 대상으로 연 소득이 약 380만 엔~약 600만 엔인 경우 등록금의 1/4을 새롭게 지원한다. 이후 2025년부터는 세 자녀 이상 가구라면 소득에 관계없이 첫째 자녀부터 모두 고등교육비가 전액 면제(국공립대학의 경우 등록금 연간 약 54만 엔, 입학금 약 28만 엔, 사립 대학의 경우 등록금 연간 약 70만 엔, 입학금 약 26만 엔)되는 것으로 지원을 확대한다.

다음으로는, 대여형 장학금 감액반환제도 이용 가능 대상을 확대한다.[18] 감액반환제도란 경제적 사정 등으로 인하여 당초 약정된 반환 월액으로 반환이 어려운 경우 반환 기간을 연장하고 반환 월액을 감액하여 반환할 수 있는 제도이다. 기존에는 본인의 연 소득이 325만 엔 이하인 경우 감액반환제도를 이용할 수 있었다. 이를 2024년부터는 본인의 연 소득이 400만 엔 이하인 경우 이용할 수 있도록 확대하며, 특히 2자녀 가구는 500만 엔, 3자녀 이상 가구는 600만 엔까지 확대한다.

또한, 석사과정 대학원생을 대상으로 재학 중에는 수업료를 납부하지 않고, 졸업 후 연봉에 따라 납부할 수 있는 '수업료 후불제'를 2024년에 도입한다.[19]

나. 일과 육아의 양립 지원

2025년부터 육아휴직 급여율을 인상한다.[20] 기존에는 육아휴직 개시 180일 동안은 급여의 67%, 180일 이후에는 50%가 지급된다. 앞으로

---

18) 內閣官房(2023, p.15) 내용을 토대로 정리함.
19) 內閣官房(2023, p.16) 내용을 토대로 정리함.
20) 內閣官房(2023, p.25) 내용을 토대로 정리함.

이에 더하여 남성의 육아휴직 사용이 자연스러운 문화로 자리잡도록 출생 후 일정 기간(남성은 출산 후 8주 이내, 여성은 출산휴가 후 8주 이내) 내에 부모가 모두 14일 이상의 육아휴직을 사용하는 경우 최대 28일 동안 휴직 전 임금의 13%를 추가로 지급해 총 80%까지 지원하기로 한다.

2025년부터 육아 시 단축 근무 급여를 신설한다.[21] 현재는 육아를 위해 단시간 근무를 선택한 근로자가 임금 감소에 대한 지원을 받지 못하고 있으나, 일·가정 양립을 위해 근로자가 단시간 근무를 선택할 수 있도록 지원이 요구된다. 이에, 2세 미만의 자녀를 둔 근로자가 단시간 근무를 선택하는 경우, 단시간 근무 중 지급되는 임금의 10%를 추가로 지급한다.

유연하게 일할 수 있는 환경을 정착시키기 위해 기업들의 의무 사항을 강화한다(厚生労働省, 2024a). 현재 사업주는 근로자의 자녀가 3세가 될 때까지 단시간 근무를 조치할 의무가 있으며,[22] 유연근무제를 포함한 출퇴근 시간 조정 등 필요한 조치를 취하기 위해 노력해야 할 의무가 있다. 기업들의 의무 사항을 강화하여, 근로자는 자녀가 초등학교 취학 전까지 연장근로 면제를 요청할 수 있으며, 사업주의 노력 의무에 재택근무를 새로이 추가한다.

자녀 간호휴가 사용 요건을 완화한다(厚生労働省, 2024a). 대상 연령이 기존 초등학교 취학 전 아동에서 초등학교 3학년 수료 시까지로 상향 조정되며, 주로 아동의 질병이나 부상에 대한 돌봄을 위해 사용되었지만, 입학식 참석, 감염병으로 인한 학급 폐쇄 등과 같은 상황에서도 사용할 수 있게 된다.

---

21) 内閣官房(2023, p.27) 내용을 토대로 정리함.
22) 이를 근로자의 입장에서는 '연장근로 면제(소정근로시간 외 근로 제한)를 요청할 수 있다'는 것으로 이해할 수 있다.

고용보험 적용을 확대한다.[23] 기존에는 주당 20시간 이상 근무하는 근로자만 고용보험의 적용 대상이 되었으나, 2028년부터는 적용 대상을 주당 10시간 이상 근무하는 모든 근로자로 확대한다.

국민연금 보험료 면제 대상의 확대를 추진한다.[24] 기존에는 고용보험 가입자만 출산휴가 및 육아휴직 기간 동안 국민연금 보험료를 면제받을 수 있었다. 이를 2026년부터는 자영업자 및 프리랜서까지 확대하여, 자영업자 및 프리랜서가 고용보험 가입자와 동일하게 출산휴가 기간(출산 예정일 1개월 전부터 출산 후 4개월까지), 육아휴직 기간(자녀가 3세가 될 때까지) 동안 국민연금 보험료를 면제받도록 한다.

다. 임신·출산·육아 지원

동행형 상담지원 제도를 신설한다.[25] 기존에는 임신, 출산, 육아와 관련된 상담 서비스가 일부 제공되었으나, 접근성과 지원 범위가 제한적이었다. 새롭게 도입되는 동행형 상담지원 제도는 이와 같은 한계를 극복하고자 임신 초기부터 출산 후까지의 모든 과정에서 필요한 상담을 받을 수 있도록 한다.

보육교사 배치 기준을 개선하여 질적 향상을 도모한다.[26] 1세 아동에 대하여는 현재 아동 6명당 보육교사 1명에서 2025년 이후 아동 5명당 보육교사 1명으로 개선하며, 4~5세 아동에 대하여는 현재 아동 30명당 보육교사 1명에서 2024년부터 아동 25명당 보육교사 1명으로 개선한다.

---

23) 內閣官房(2023, p.28) 내용을 토대로 정리함.
24) 內閣官房(2023, p.28) 내용을 토대로 정리함.
25) 內閣官房(2023, p.18) 내용을 토대로 정리함.
26) 內閣官房(2023, p.19) 내용을 토대로 정리함.

2025년에는 '어린이 누구나 통원제도'를 도입한다.27) 기존에는 전업주부, 육아휴직 중인 경우 등 부모가 직장에 다니지 않으면 아동을 보육원 등에 맡기기에 어려움이 있었다. 이를 육아 부담을 경감시키고자 부모의 취업 요건과 무관하게 보육원 등에 다니지 않는 3세 미만의 어린이가 시간 단위 등으로 유연하게 이용할 수 있도록 한다.

제2절 일본의 고령화 대책 현황

1. 고령사회대책대강

초고령사회인 일본은 고령자의 신체 능력이 젊어지고 있으며 취업 및 지역활동 등 사회참여에 대한 의욕이 높은 고령자가 증가하고 있다. 이에 주목하여 일본 정부는 고령사회대책 기본법에 근거해 주기적으로 종합적인 고령사회 대책 지침을 재검토하여 발표한다. 2018년 발표된 고령사회대책대강의 목적 및 기본 방향은 〈표 4-1〉에 제시되어 있으며, 이를 바탕으로 취업·소득, 건강·복지, 학습·사회참가, 생활환경, 연구개발 및 국제사회에 대한 공헌, 모든 세대의 활약 촉진이라는 6개 분야에서 구체적인 시책과 수치 목표를 설정하였다(內閣府, 2018). 특히 연령을 기준으로 고용 여부를 판단하는 대신, 70대에도 각자의 능력과 특성을 발휘할 수 있도록 유연한 고용 제도의 필요성이 강조되기도 하였다.28)

2024년 2월에 열린 고령사회대책회의에서는 저출산·고령화, 건강수명

---

27) 內閣官房(2023, p.19) 내용을 토대로 정리함.
28) 이후 2021년부터는 70세까지 취업 기회를 보장하고, 정년제를 폐지하는 등의 고령자 고용안정법 개정이 이루어졌으며, 이는 고령자의 취업 의욕을 높이고 다양한 취업 기회를 제공한다는 점에서 긍정적인 평가를 받고 있다.

및 평균수명의 연장, 독거노인 가구 증가 등 사회경제적 변화에 대응하기 위해서 고령사회대책대강의 개정이 결정되었다(內閣府, 2024. 2. 13.). 현재 고령사회대책대강 개정을 위한 작업이 진행되고 있으며, 지난 8월에 발표된 보고서에 따르면 새로운 정책은 〈표 4-1〉에 제시된 기본 방향을 바탕으로 추진될 예정이다. 개정될 고령사회대책대강(안)에 관한 의견 수렴을 9월 중 거친 후, 최종적으로 완성된 고령사회대책대강이 발표된다(內閣府, 2024a).

6년 만에 개정되는 새로운 고령사회대책대강에서는 계속 늘어나고 있는 독거 노인세대를 지원하기 위한 지역사회 내 의료기관, 사회복지단체 및 기관, 비영리단체 등의 연계 및 관련 지원 매뉴얼에 대한 언급뿐 아니라, 인지증 고령자의 인지기능 저하에 맞춘 적절한 금융 자산 관리를 위한 금융기관과 복지기관의 연계를 통한 지원 방책 등을 구체적으로 검토하고 있다(內閣府, 2024a). 이 외에도 초고령사회에서 증가하는 고령자의 의료비 부담에 대한 대응 방안이 중요한 과제로 대두되고 있으며, 75세 이상 고령자 중 의료비 본인 부담 비율 30%의 적용 대상을 확대하는 방안이 개정안에 포함되어 있다(內閣府, 2024a). 또한, 취업으로 일정 소득이 발생하는 고령자의 후생연금 수급액을 줄이는 재직노령연금제도가 고령자의 취업을 촉진하려는 정부 방침과 모순된다는 지적도 제기되었으며, 이에 따라 다양한 일자리 형태와 연금제도에 대한 재검토의 필요성도 논의되고 있다(高齢社会対策大綱の策定のための検討会, 2024).

〈표 4-1〉 고령사회대책대강 목적과 기본 방향

구분	2018년 고령사회대책대강	2024년 고령사회대책대강(안)
목적	-65세 이상을 일률적으로 '고령자'로 보는 일반적인 경향이 더 이상 현실적이지 않은 상황에서 70세 혹은 이후에도 의욕·능력에 따라 힘을 발휘할	-증가하는 고령자와 함께하는 사회를 전제로 모든 세대에게 있어 지속 가능한 사회를 구축하기 위한 대책. -65세 이상을 일률적 대응 및 연령에 따

구분	2018년 고령사회대책대강	2024년 고령사회대책대강(안)
	수 있는 시대 도래. -고령화에 따른 사회적 과제에 대응하여 모든 세대가 만족할 수 있는 인생을 보낼 수 있는 환경 구축하기.	라 '지원하는 측'과 '지원받는 측'으로 나누는 것은 실태에 맞지 않음. 새로운 고령기상을 지향해야 하는 시대가 도래하고 있으므로 연령만으로 구분하지 않고 모든 세대가 각각 상황에 따라서 '지원하는 측' 혹은 '지원받는 측'이 될 수 있는 사회를 지향할 필요가 있음.
기본 방향	-첫째, 연령에 의한 획일화를 재검토하고 모든 세대가 희망에 따라 의욕·능력을 발휘할 수 있는 Ageless 사회 지향. -둘째, 지역에서의 생활 기반을 정비하고 인생의 어느 단계에서도 고령기의 삶을 구체적으로 상상할 수 있는 지역 커뮤니티 만들기. -셋째, 기술혁신의 성과를 적용 가능하도록 하는 새로운 고령사회 대책 지향.	-첫째, 연령에 상관없이 희망에 따라 계속 활동할 수 있는 경제사회 구축. -둘째, 혼자 사는 고령자의 증가 등 환경 변화에 적절히 대응하여 다세대가 함께 안심하고 살 수 있는 사회 구축. -셋째, 연령의 증가에 따른 신체기능 및 인지기능의 변화에 대응한 꼼꼼한 시책 전개 및 사회 시스템 구축.

출처: 1) 内閣府. (2018). 高齢社会対策大綱(平成30年2月16日閣議決定).
　　 2) 内閣府. (2024a). 高齢社会対策大綱(案)(令和6年8月).

2. 인지증기본법

2000년대 이후, 일본 사회에서 가족 구조의 변화와 인지증 고령자의 증가로 인해 인지증 당사자를 어떻게 지원할 것인지에 대한 논의가 활발해졌다. 일본 정부는 2013년 국가 차원의 인지증 대응전략으로 오렌지 플랜을 발표했고, 2015년에는 이를 개정한 신 오렌지 플랜을 발표하였다. 이어서 2019년에는 인지증 시책 추진대강이 발표되었으며, 2023년 6월 공생사회 실현을 추진하기 위한 인지증기본법(이하 인지증기본법)이 제정되었다.[29]

---

[29] 1972년, 아리요시 사와코의 소설 '황홀한 사람'이 베스트셀러가 되면서, 인지증 고령자와 그 가족이 겪는 돌봄의 어려움이 사회적으로 주목받기 시작하였다. 이를 계기로 인지증 환자와 그 가족을 위한 사회적 지원의 필요성이 대두되었으며, 다양한 시민단체와 인지증 환자 가족들의 노력을 바탕으로 관련 법이 제정되었다.

2024년 1월 1일 시행된 인지증기본법은 인지증 환자가 존엄을 유지하며 희망을 가지고 살아갈 수 있도록 지원하는 것을 목적으로 한다. 이를 위해 내각에 설치된 인지증 시책 추진본부에서는 기본 계획의 작성 및 추진 등을 담당하고 있다. 이 법의 기본 이념은 아래와 같고, 기본 시책도 이와 유사하다(厚生労働省, 2023. 7. 10.).30)

첫째, 인지증 환자는 기본적 인권을 가진 개인으로서 자신의 의사에 따라 일상생활과 사회생활을 영위할 수 있다.

둘째, 국민이 인지증에 대한 지식과 인지증 환자에 대한 올바른 이해를 할 수 있도록 한다.

셋째, 인지증 환자가 일상생활과 사회생활을 영위하는 데 있어 장애물을 제거하여 안전하고 자립된 생활을 할 수 있도록 돕는다.

넷째, 인지증 환자의 의사를 충분히 존중하면서, 적절한 보건의료 서비스와 복지 서비스를 지속적으로 제공한다.

다섯째, 인지증 환자뿐 아니라 그들의 가족도 지역사회에서 안심하고 살 수 있도록 지원한다.

여섯째, 인지증 환자가 존엄성을 유지하며 사회에서 다른 사람들과 함께 살 수 있도록, 예방과 치료뿐 아니라 사회참여 및 공생할 수 있는 환경을 만드는 방법을 연구하고, 그 결과가 공공의 이익에 기여할 수 있도록 한다.

일곱째, 교육, 지역사회 구축, 고용, 보건, 의료, 복지 등 다양한 분야에서 협력한다.

인지증기본법은 현재 시행 초기 단계에 있으며, 향후 그 효과가 어떻게 평가될지 지켜볼 필요가 있다. 다만, 현재 몇 가지 이유로 긍정적으로

---

30) 기본 시책으로는 인지증 환자에 대한 국민의 이해 증진, 인지증 환자 생활의 장애물 제거 및 생활환경 개선, 인지증 환자의 사회참여 기회 제공 및 확대, 인지증 환자의 의사결정 지원 및 권리·이익 보호, 인지증 환자와 그 가족을 위한 상담체계의 정비 및 강화 등이 있다.

평가되고 있다. 첫째 인지증 환자와 가족들의 의견이 입법 과정에서 적극적으로 반영되었다는 점, 둘째, 이 법이 인지증 환자에만 집중하는 것이 아니라 공존하는 사회를 실현하는 것을 목표로 하고 있다는 점, 셋째, 인지증 환자를 단순히 환자가 아닌 지역사회의 일원으로 보고 있다는 점이다.

3. 개호보험 및 지역포괄케어시스템

일본은 1994년에 고령사회에 진입했으며, 당시 세계에서 가장 빠른 속도로 고령화가 진행되고 있었기 때문에, 정부의 적극적인 대책이 필요했다. 이에 따라 골드플랜 및 신골드플랜 등에서 다양한 고령자 관련 서비스가 확충되었으나, 기존의 노인복지제도와 노인 보건제도로는 급속한 고령화에 대처하는 데 한계가 있었다(厚生労働省, 2016).

기존의 노인복지제도는 각 시정촌이 홈 헬프 서비스, 데이 서비스, 특별양호노인홈 등을 포함한 서비스 유형과 제공자를 결정하는 방식이었다. 이용자는 서비스를 직접 선택할 수 없어 자기결정이라는 사회복지의 중요한 가치가 지켜지지 않았으며, 시설 입장에서는 이용자가 안정적으로 확보되어 경쟁 원리가 작동하지 않아 서비스가 획일적이라는 비판이 있었다(厚生労働省, 2016). 이 외에도, 서비스 이용 전 실시되는 소득조사에 심리적 거부감을 느끼는 경우가 많았으며, 본인과 부양가족의 수입에 따라 부담액이 정해져 중산층 이상의 가구는 비용 부담이 커서 이용이 어려운 문제가 있었다(厚生労働省, 2016). 또한, 기존의 노인의료제도에서는 노인보건시설, 요양형 병상, 방문간호, 데이케어 등을 제공했으나, 중산층 이상의 이용자들은 노인복지서비스보다 의료 서비스의 이용자 부담이 적다는 점, 복지서비스 기반이 충분히 정비되지 않은 점 등을 이유로 돌봄이 필요한 경우 장기 입원하는 '사회적 입원' 문제가 발생하게 되었다(厚生労働省, 2016).

더욱이, 핵가족화와 가족 내 돌봄 제공자의 고령화로 인해 가정 내 돌봄이 어려워지면서, 개호의 사회화에 대한 요구가 커지게 되었다. 이러한 목소리가 반영되어 개호보험제도(2000년)와 지역포괄케어시스템(2012년)이 도입되었다.

가. 개호보험

일본 정부는 기존 노인보건복지제도의 한계를 극복하고 고령자가 편리하게 이용하며 안심하고 노후를 보낼 수 있는 제도의 설계를 목적으로 개호보험제도를 도입하였다. 개호보험제도는 기존 제도와 크게 네 가지 측면에서 다르다(厚生労働省, 2016).

첫째, 기존에는 시정촌에서 서비스를 신청하고 시정촌이 서비스를 결정했으나, 개호보험제도는 이용자가 직접 서비스의 종류와 사업자를 선택할 수 있다. 이는 이용자의 자기결정을 가능하게 했다는 점에서 긍정적인 평가를 받기도 하였으나, 다양한 서비스와 사업자의 차이를 충분히 이해하고 적절히 선택하기에는 고령자와 가족들의 역량이 충분하지 않을 수 있다는 우려가 제기되었다. 이를 해결하기 위해서 케어매니저가 중개 역할을 하며 적절한 서비스를 이용할 수 있도록 케어플랜을 작성하지만, 케어매니저의 역량에 따라서도 고령자가 이용하는 서비스의 질이 달라질 수 있는 문제도 있다.[31]

---

[31] 일본에서 케어매니저가 되기 위해서는 의사, 간호사, 사회복지사, 개호복지사, 안마사 등 정부가 정한 전문직종으로 5년간 현장에서 일한 후 시험 및 연수를 이수해야 한다. 다만 인정되는 자격증이 다양하여 어떤 현장에서 얼마나 경험을 했는지 등에 따라 역량에 큰 차이가 있을 수 있다.

즉, 자기결정을 존중하는 제도임에도 불구하고, 고령자와 가족들이 서비스 종류나 사업자의 차이를 파악해 적절히 선택하기 어려운 상황이 발생하는 등 기존의 조치제도에서 계약제도로 전환하는 것이 오히려 일정 부분 혼란을 초래하게 된 것이다. 이와 관련하여 케어매니저 등 전문가의 의사결정 지원이 중요해졌으며, 고령자의 의사를 반영해 정보 수집과 결정 과정을 도울 수 있는 각종 가이드라인이 발표되기도 하였다(厚生労働省 社会·援護局地域福祉課成年後見制度利用促進室, 2021).

둘째, 기존에는 의료와 복지를 각각 따로 신청해야 했으나, 개호보험제도에서는 케어플랜을 통해 두 서비스를 종합적으로 이용할 수 있게 되었다. 다만, 지자체마다 의료 및 복지 서비스의 기반이 상이하여 지역에 따른 격차가 발생하고 있는 실정이다.

셋째, 기존에는 공공 부문을 중심으로 서비스가 제공되었으나, 개호보험 제도는 민간기업, 농협, 생협, 비영리단체 등 다양한 사업자가 참여해 서비스를 제공한다. 이를 통해 서비스의 다양성이 확대되는 등(菊澤左江子 & 澤井勝, 2013) 긍정적 측면이 있으나, 지역 간 격차가 있다는 한계점이 존재한다.

넷째, 기존의 서비스는 고비용으로 인해 중산층 이상에서는 이용하기 어려웠으나, 개보보험제도의 도입으로 소득에 관계없이 본인 부담금이 10%로 설정되어, 누구나 필요할 때 쉽게 이용할 수 있게 되었다. 하지만 개호보험의 재정 문제가 발생함에 따라, 지속 가능성을 확보하기 위해 여러 차례 개정이 이루어졌다. 2015년 8월부터는 연간 소득이 280만 엔 이상인 65세 이상 고령자 독거세대에 대해 본인부담이 20%로 인상되었다. 2018년 8월부터는 65세 이상 고령자 독거세대 중 연간 소득이 280만 엔에서 340만 엔 사이인 경우 본인부담이 20%로, 연간 소득이 340만 엔 이상인 경우 본인부담이 30%로 상향되었다(厚生労働省, n.d.).

2000년부터 시행된 개호보험제도는 2024년부터 제9기 개호보험사업 계획(2024~2026년)이 시작되었다. 제9기 계획은 개호서비스 기반 정비, 지역포괄케어시스템의 고도화, 개호 인력의 확보 및 개호 현장의 생산성 향상을 주요 목표로 한다. 일본 정부는 정기적인 개호보험 개정을 통해 양질의 개호보험 서비스를 제공하려는 노력을 지속하고 있으나, 이 과정에서 보험료 인상[32]이 수반되고 있어 이에 대한 비판의 목소리도 존재한다.

나. 지역포괄케어시스템

지역포괄케어시스템은 베이비붐 세대가 75세 이상에 도달하는 2025년을 목표로 설계된 시스템으로, 중증의 요개호 상태가 되더라도 지금까지 살아온 익숙한 지역에서 마지막까지 본인다운 생활을 지속할 수 있도록 주거, 의료, 개호, 예방, 생활 지원을 통합적으로 제공한다. 인지증 고령자가 더욱 증가할 것으로 예상됨에 따라, 일본 정부는 이들이 지역사회에서 안전하게 생활할 수 있도록 지역포괄케어시스템을 구축해야 한다며, 그 중요성을 강조한다. 특히, 시정촌이나 도도부현이 지역의 자주성과 주체성에 근거하여 지역 특성을 반영한 지역포괄시스템을 구축해 나갈 필요가 있다고 지적한다(厚生労働省, n.d.).

즉, 지역포괄케어시스템이란 지역에서 살아기기 위한 지원을 포괄적으로 구축한 지역연계, 네트워크 구축이라고 할 수 있으며, 각 지역의 사정에 따라 자유롭게 구축할 수 있다. 또한, 시대나 지역사회에 따라 지역포괄케어시스템이 중요시하는 '자조(自助), 공조(共助), 공조(公助), 호조(互助)' 개념 범위와 그 역할이 달라질 수 있다(地域包括ケア研究会, 2013).

---

[32] 제9기 65세 이상 제1호 피보험자의 보험료는 6,225엔으로 제8기(2021~2023)의 6,014엔에 비해 3.5% 인상되었다. 또한, 제1기(2,911엔)와 비교하면 2배 인상된 수치이다(厚生労働省, n.d.).

따라서 시대나 지역사회에 따라 다양한 지역포괄케어시스템이 존재할 수 있다. 후생노동성은 선구적인 지역포괄케어시스템의 사례를 홈페이지에 소개하고 있다. 일부 사례를 살펴보면, 시정촌 행정기관 및 지역포괄케어 센터가 중심이 되어 지역사회 내 원스톱 상담창구를 설치하고 관련 종합서비스를 제공하는 사례, 비영리단체나 생활협동조합, 농협 등의 민간기관이 중심이 되어 고령자 및 장애인의 고립 방지를 위한 교류 거점을 운영하는 사례, 행정기관과 의사회가 협동하여 재택의료를 추진하고 의료, 간호, 개호 등 다양한 직종이 연계하여 종합적인 서비스를 제공하는 사례 등이 있다(김원경, 2014). 이처럼 지역사회의 실정에 따라 다양한 주체가 서로 협력하여 여러 형태의 지역포괄케어시스템을 구축하고 있으며, 이를 통해 급증하는 노인 의료비 및 개호 비용 등의 절감 효과를 기대하는 의견도 있다(馬場園明, 2019. 10. 9.).

한편, 지역 공생사회를 실현하기 위하여 지역 주민의 복잡하고 다양한 지원 요구에 대응할 수 있는 포괄적 복지 서비스 제공 체계를 정비할 필요성이 제기되어 일본 정부는 시정촌 단위에서 포괄적인 지원 체제를 구축할 수 있도록 지원하고 있다. 더불어 지역 특성에 맞춘 인지증 시책 및 개호 서비스 체계 정비, 의료 개호 데이터 기반 정비 추진, 개호 인재 확보 등의 정책을 추진하고 있다. 이러한 배경에서 2021년 4월 '지역공생사회 실현을 위한 사회복지법 등 일부 개정 법률'이 시행되었다.

그러나 실제 현장에서는 지역포괄케어시스템을 어떻게 구축해야 할지 고민하는 지역이 많다. 이에 일본 정부는 지역포괄케어시스템 구축 과정에서 PDCA(Plan-Do-Check-Act) 사이클을 활용할 것을 제시하고 있으며, 지역사회 과제 파악 및 새로운 자원 발굴과 관련하여 지역포괄지원센터의 기능을 강조하고 있다(厚生労働省, n.d.).

하지만 지역포괄지원센터는 종합상담 지원, 권리 옹호, 포괄적·지속적·

케어매니지먼트 지원, 개호 예방 케어매니지먼트(제1호 개호예방지원사업) 등 다양한 업무를 담당하고 있으며, 업무량의 지속적인 증가로 인해 인력 부족 문제를 겪고 있다. 특히 과도한 업무량으로 인해 지역포괄지원센터에서 새로운 인력을 채용하는 것조차 어려운 경우가 많아 정부의 기대와 실제 현장의 차이가 크다고 할 수 있다(三菱UFJリサーチ＆コンサルティング, 2021).

일본의 지역포괄케어시스템은 '지역공생사회'를 실현하기 위한 노력의 일환이다. 정부는 지역사회에서 모두가 함께 살아가는 공생사회를 실현하기 위하여 각 지역의 실정에 맞는 지역포괄케어시스템을 구축하도록 선도적인 사례를 소개하고 있다. 하지만 각 지역사회의 실정에 맞는 지역포괄케어시스템의 구축이라는 자율성이 오히려 지역포괄케어시스템 구축을 어렵게 하는 요인이 되기도 한다. 이에 중앙정부와 지방정부의 역할 분담, 민관 협력 방식 등 선진 사례를 통하여 지역포괄케어시스템을 전국적으로 확산시키려는 노력이 진행되고 있다.

제3절 인구정책 컨트롤타워 및 저출산 관련 예산 현황

1. 어린이가정청

일본 정부는 아동 및 가족 정책을 체계적으로 관리하고 시행하기 위해 어린이가정청을 설립하기로 결정하였다. 2022년 6월에 이를 위한 법적 기반 마련을 위해 어린이가정청 설치법과 아동기본법이 제정되었다. 이 법들은 2023년 4월 시행되었으며, 어린이가정청이 공식적으로 출범하게 되었다. 어린이가정청은 기존에 여러 부처에 분산되어 있던 다양한 아동 관련 정책들을 통합하여 효율성을 극대화하는 것을 목표로 설립되었다.

이 기관의 주요 목표는 육아지원, 아동 학대 예방, 아동 권리 보호 등 다양한 아동 문제에 대해 포괄적으로 대응하는 것으로, 일본 내 아동 정책을 관리하는 핵심 기관으로서 역할을 수행한다.

어린이가정청장은 원활한 업무 수행을 위해 필요한 경우 관계 행정 기관에 자료의 제출 및 설명, 그 밖에 필요한 협조를 요청할 권한을 가지고 있다. 또한, 어린이가정청은 아동 정책과 관련된 중요한 사항을 심의하기 위해 아동가족심의회를 설치하고, 내각부 및 후생노동성에서 관련 협의회 기능을 이관받아 효율적인 협력 체계를 구축할 수도 있다. 이 외에 국무총리를 회장으로 하여 아동 정책을 종합적으로 관리하는 아동정책추진회의라는 특별 기구가 설치된다.

어린이가정청은 어린이가정청 설치법 및 아동기본법 시행 후 5년 이내에 초등학교 입학 전 아동에게 양질의 교육 및 보육을 제공하고, 아동이 있는 가정에 대한 육아지원책 현황을 점검하며, 정책의 효과성을 평가할 예정이다. 이를 바탕으로 하여, 필요시 정책이 포괄적이고 효과적으로 시행될 수 있도록 조직과 체계의 방향을 조정하고, 적절한 조치를 취할 예정이다.

어린이가정청은 다양한 업무를 담당하며, 아동과 가족을 위한 종합적인 지원을 제공한다. 소관 업무는 크게 분담관리사무와 내각보조사무로 나눌 수 있으며, 주요 내용은 다음과 같다.[33]

① 분담관리사무(자체적으로 실시하는 사무)
 - 초등학교 취학 전 아동의 건강한 성장을 위한 환경의 조성 및 이들 가정을 위한 육아지원 정책의 기획·추진
 - 아동양육지원 급여, 기타 아동을 양육하는 가정에 필요한 정책의 기획·실행, 아동과 양육자를 위한 다양한 지원 제도 마련

---
[33] こども家庭庁(2022) 내용을 토대로 정리함.

- 아동의 보육과 양호, 아동이 있는 가정을 위한 양육지원 체계 정비
- 지역 내 아동의 적절한 놀이 및 생활 공간 확보
- 모성복지 증진 및 아동이 안전·안심할 수 있는 생활환경의 정비에 관한 정책의 기획·추진
- 아동의 건강 증진 및 아동학대 예방
- 아동 대강의 기획 및 추진

② 내각보조사무(내각의 주요 정책에 관한 사무)
- 아동이 자립한 개인으로서 평등하고 건강하게 성장할 수 있는 사회를 만들기 위한 기본적인 정책의 기획 및 추진
- 결혼, 출산 및 육아에 희망을 가질 수 있는 사회 환경을 조성하는 저출산 극복 정책의 기획 및 추진
- 아동·청소년 육성에 관한 정책의 기획 및 추진

2. 저출산 대책 예산 현황

한편, 저출산사회대책대강의 주요 시책에 따라 편성된 저출산 대책 관련 예산(당초 예산 기준)은 대기아동 대책, 유아교육 및 보육 무상화, 고등교육 무상화 등 다양한 시책의 강화로 인해 꾸준히 증가하고 있다. 2004년 1.2조 엔이있던 저출산 대책 예산은 2022년 6.1조 엔으로 약 5배 증가했으며, 이는 해당 기간 동안 연평균 약 9.5%씩 증가한 수준이다.

[그림 4-1] 저출산 대책 관련 예산

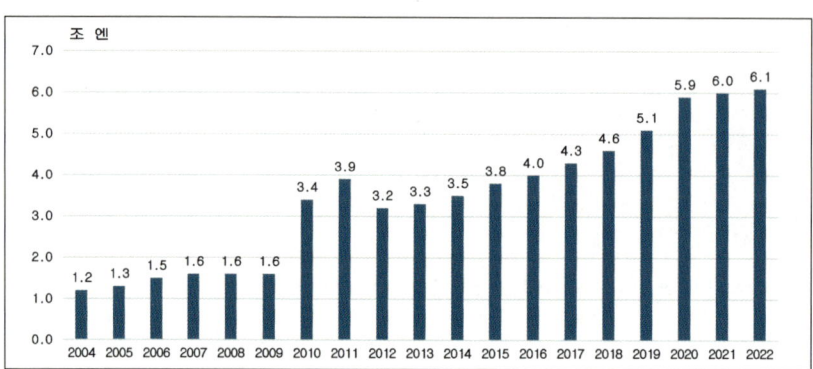

출처: "参考資料集", 子ども家庭庁, 2023, p. 8.

이와 같이 일본의 저출산 대책 예산은 빠른 속도로 증가하였으나, OECD 주요국과 비교했을 때 상대적으로 낮은 수준임이 확인된다. 2020년 기준 일본의 국내총생산 대비 가족 분야 공공사회복지 지출 비율은 2.01%로, 스웨덴(3.42%), 프랑스(2.71%), 독일(2.42%), 영국(2.41%) 등에 비해 상대적으로 낮은 편이었다. 특히, 국내총생산 대비 가족 분야 공공사회복지 현금급부의 비율은 0.66%로 OECD 평균의 약 절반 수준으로 나타났다.

[그림 4-2] 가족 분야 공공사회복지지출[국내총생산(GDP) 대비]

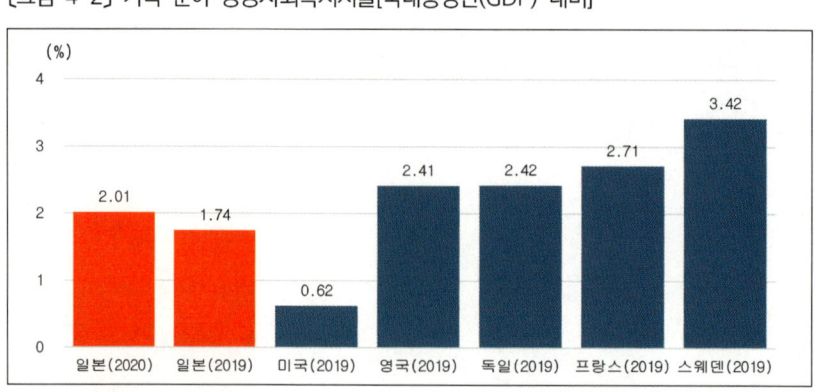

출처: "参考資料集", 子ども家庭庁, 2023, p. 6.

[그림 4-3] 현물급부 및 현금급부별 가족 분야 공공사회복지지출[국내총생산(GDP) 대비]

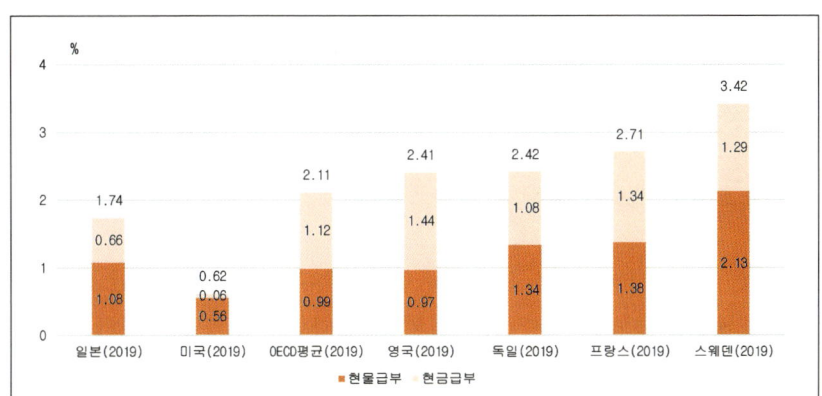

출처: "参考資料集", 子ども家庭庁, 2023, p. 7.

제4절 저출산에 대한 일본 민간단체 등의 제언[34]

1. 인구전략회의의 제언 '인구비전 2100'[35]

2024년 1월 9일, 일본의 민간 전문가들로 구성된 인구전략회의는 기시다 총리에게 2100년까지 인구를 8,000만 명으로 안정시키는 것을 목표로 하는 '인구비전 2100'을 제출했다. 국가연구기관에 따르면 일본의 2100년 인구는 6,300만 명으로 감소하는 것으로 보고되었다. 이에 대하여 인구비전은 사회경제 시스템의 지속적인 축소와 후퇴, 개인의 선택 제한을 초래할 것이라고 경고하였으며, 인구 감소 속도를 완화하는 '정상화 전략'과 적은 인구로도 성장 가능한 '강인화 전략'을 함께 추진힐 필요성을

---

34) 동 절의 내용은 저출산에 대한 일본 민간단체 등의 제언을 요약·제시한 것이며, 연구진의 입장 및 제안이 아님을 밝힘.
35) 人口戦略会議(2024) 내용을 요약·제시함.

강조하였다. 또한, 2100년까지 합계출산율을 2.07명으로 개선하고 청년층의 소득 향상 및 고용 개선을 최우선으로 하는 전략을 세워야 한다고 제안하였다. '인구비전 2100'의 주요 내용을 소개하면 아래와 같다.

가. 지금까지 대응이 부족했던 점[36]

첫째, 정부와 민간 모두 인구 감소의 원인과 대책에 대해 충분히 조사·분석하지 않았으며, 그 심각한 영향과 예방의 중요성을 국민에게 적절히 공유하지 않았다. 출산율 제고는 과거 정책에 대한 반성과 개인의 가치관과 관련된 영역이라는 이유로 오랫동안 논의가 제한되었고, 일부 정부 관계자 등 사이에서만 제한적으로 논의가 이루어져 왔다. 그러나 이 문제는 모든 사람에게 영향을 미치며, 사회의 지속 가능성에 큰 위협이 된다. 공적 연금제도를 예로 들 수 있는데, 젊은 세대의 감소로 인해 고령자들의 연금 수령액 감소는 불가피하며, 이러한 문제에 대한 인식을 공유하려는 노력이 부족하였다.

둘째, 청년, 특히 육아 부담이 큰 여성들의 현실과 의식을 충분히 정책에 반영하지 못했다. 저출산 문제 해결을 위해서는 청년들이 미래에 희망을 가질 수 있는 환경을 조성하는 것이 중요하다. 결혼과 출산은 개인의 선택이며, 그 자유는 존중되어야 한다. 이러한 인식을 바탕으로 결혼과 출산을 희망하는 청년들이 그 꿈을 이룰 수 있도록 사회적 환경 조성이 필요하다.

셋째, 현재 세대가 미래 세대에 대한 책임을 충분히 인식하지 않았다. 그러나 인구 감소는 세대를 넘어 영향을 미치며, 현재 세대의 노력이 미래 세대의 이익으로 이어질 수 있으므로 현재 세대의 미래 세대에 대한 책임이 중요하다고 할 수 있다. 특히 현재의 사회보장제도는 젊은 세대, 나아가

---

36) 人口戦略会議(2024, pp.2-4)

미래 세대의 재정적 기여와 안정적 지원을 기대할 수 있기 때문에 유지될 수 있으며, 이를 지속하기 위해서는 육아지원이 모든 세대의 책임이라는 인식이 필요하다.

나. 이제부터 해야 할 인구정책[37]

① 두 가지 전략으로 '미래 선택 사회' 실현

첫 번째 안정화 전략은 인구 감소 속도를 늦춰 궁극적으로 인구를 안정화하는 전략이다. 이를 통해 인구 급감으로 인해 개인과 사회의 선택의 폭이 모두 크게 좁아지는 상황을 피하고, 국민들이 인구 감소가 어느 시점에서는 멈출 것이라는 확실한 전망을 가질 수 있도록 한다. 그러나 정상화 전략의 효과가 본격적으로 나타나기까지는 수십 년이 걸리며, 인구가 정상화되더라도 규모는 현재보다 줄어들 수밖에 없다. 이를 고려해 경제·사회 시스템을 인구 구조에 맞춰 조정하고, 다양성과 성장력을 갖춘 사회를 구축하는 것이 두 번째 강인화 전략이다.

인구 정상화를 목표로 하는 정상화 전략은 A케이스(출산율 급회복)와 B케이스(출산율 회복)로 구분할 수 있다. A케이스는 2040년까지 출산율 2.07명 도달이 목표이지만, 이는 실현 가능성이 매우 낮다. 반면, B케이스는 2060년까지 출산율 2.07명에 도달하는 것을 목표로 하며, 이를 위해 2040년까지는 1.6명, 2050년까지는 1.8명 수준을 목표로 삼는 것이 바람직하다. 이 역시 쉽지 않지만, 저출산 대책을 총력으로 추진하면 가능할 것으로 보이니, B케이스를 기준으로 2100년까지 인구 8,000만 명을 목표로 삼아야 한다. 또한, 정상화 전략과 강인화 전략을 통합적으로

---

[37] 人口戦略会議(2024, pp.12-16)

추진하여 각각의 목표가 실현될 경우의 효과성을 살펴보기로 한다.

실질 GDP 성장률은 아무 대책을 시행하지 않을 경우, D케이스(미래 추계인구 저위 추계)에서 2050~2100년 평균 성장률이 마이너스 1.1%로 계속 감소하게 된다. 반면, 정상화 전략이 실현될 경우 같은 기간 평균 성장률이 0.9%로 상승한다. 안정화 전략의 효과는 즉각적으로 나타나지는 않지만 장기적으로는 안정적인 성장을 기대할 수 있다. 강인화 전략으로 생산성 증가율을 높일 경우, 그 효과는 빠르게 나타나 2020년대 이후 지속적으로 1%로 끌어올릴 수 있다. 정상화 전략 없이 강인화 전략만으로는 2050~2100년 성장률이 0%로 떨어질 수 있으며, 강인화 전략이 없다면 2030년대 이후 성장률은 마이너스로 전환될 가능성이 크다. 두 전략이 함께 실현되면, 2050~2100년 평균 성장률은 0.9% 정도를 유지할 수 있다.

② 정상화 전략의 논점[38]

정상화 전략은 저출산의 흐름을 바꾸는 것을 목표로 한다. 저출산 현상은 일본의 사회경제적 변화, 특히 고용 형태와 환경 변화, 그리고 젊은 세대의 의식 변화가 복합적으로 작용한 결과라고 할 수 있다. 따라서 결혼과 출산을 희망하는 사람들이 이를 실현할 수 있도록 사회 전반에 걸친 개혁이 필요하다.

먼저, 결혼을 원하는 남녀가 실제로 결혼할 수 있는 환경을 마련하는 것이 중요하다. 많은 청년이 소득 부족과 불안정한 고용으로 인해 결혼을 망설인다. 이를 해결하기 위해서 청년층의 소득 향상, 고용 안정성 강화, 비정규직의 정규직화 등이 필요하다. 또한, 프리터에 대한 법적 보호와 사회보장제도의 개선도 시급한 과제이며, 여전히 존재하는 남녀 고용

---

[38] 人口戦略会議(2024, pp.18-20)

격차 문제도 저출산 대책의 관점에서 개선이 필요하다.

일본에서는 약 70%의 취업자가 중소기업에서 근무하고 있으며, 청년층도 주로 중소기업에 취업한다. 중소기업의 임금 인상과 일·가정 양립이 가능한 환경을 조성하기 위해서는 생산성 향상과 거래 조건 개선이 필수적이다. 또한, 젊은 여성들이 도쿄권으로 집중되는 현상이 지속되고 있는데, 이는 지방에 양질의 일자리가 부족하기 때문이다. 이를 해결하기 위해 지방 기업의 임금과 고용 조건을 개선하고, 기업의 본사 기능이나 여성에게 매력적인 기업이나 대학의 지방 이전을 촉진할 필요가 있다.

지자체의 경우 비정규직 공무원이 많고 처우가 열악하다. 이는 지역 경제에 큰 영향을 미치므로, 지자체가 앞장서서 정규직화와 처우 개선에 나서야 한다.

③ 강인화 전략의 논점[39]

정상화 전략을 추진하더라도 그 효과가 나타나기까지는 수십 년이 걸리며, 인구가 정상화된다고 해도 현재보다 규모가 줄어드는 것은 피할 수 없다. 예를 들어, 정상화 전략의 시나리오 B에 따르면 2100년의 총인구는 약 8,000만 명으로, 2023년 현재 인구 1억 2,400만 명의 약 3분의 2 수준이다. 이러한 상황에서 경제·사회 시스템을 인구 변화에 맞게 조정하고 질적으로 강인화하여, 더 적은 인구로도 성장 가능성이 있는 사회를 구축하는 것이 강인화 전략의 목표다.

강인화 전략의 핵심은 생산성 상승률을 높이는 것이다. 일본의 생산성 증가율은 생산가능인구 1인당으로 보면 국제적으로 낮은 수준이 아니었으며, 오히려 높은 편이었다. 이를 고려하면, 생산성을 더 높이는 것은

---

[39] 人口戦略会議(2024, pp.21-22)

쉽지 않으며, 총력을 기울여야 달성할 수 있다. 특히 경제 전체의 생산성 향상을 위해서는 생산성이 낮은 기업, 산업, 지역을 어떻게 구조적으로 개혁할지가 중요한 과제이다.

2. Pwc Japan의 제언[40]

Pwc Japan 그룹은 저출산 대책이 중요한 과제라고 인식하여, 현대 일본인의 결혼관과 가족관의 변화를 파악하기 위해 결혼관·가족관에 관한 설문조사를 실시하였다(인터넷 조사, 2020년 4월 10~11일). 이 조사 결과를 바탕으로 저출산 관련 대책에 대해 9가지 제언을 하였으며, 주요 내용은 다음과 같다.

① 제언 1: 젊은 나이에 결혼을 장려하고 지원하는 정책 강화

조사 결과, 20대와 30대는 결혼에 기쁨과 희망을 느낀다고 응답한 비율이 높지만, 40대는 그 비율이 낮았다. 따라서 결혼에 혜택을 줄 수 있는 정책 등을 마련하여 젊은 시기의 결혼을 장려하고, 결혼을 주저하게 만드는 요소를 제거하는 정책 마련이 필요하다.

② 제언 2: 젊은 세대의 교제 기회 창출

연애 경험이 없는 사람들의 결혼 의욕이 상대적으로 낮게 나타났다. 따라서 결혼 의욕을 높이기 위해 결혼 전 연애를 경험할 수 있는 기회를 만드는 것이 중요하다. 매칭 서비스를 통한 만남의 기회에 관해서는, 매칭 서비스를 통한 만남의 기회는 신뢰할 수 있는 환경에서 제공되어야 하며,

---

40) PwC Japanグループ少子化政策提言チーム(2021) 내용을 요약·제시함.

안전성을 보장할 제도적 장치 마련이 필요하다.

③ 제언 3: 안정적 고용 확보

30세 이상 미혼 남성 중 비정규직이나 무직인 경우 결혼 의욕이 낮게 나타났으나, 소득 자체와는 큰 연관성이 없었다. 즉, 경제적 상황보다 안정된 취업이 결혼 의욕에 더 중요한 요인으로 분석되었다. 따라서 결혼을 원하는 사람들이 안정된 일자리를 확보할 수 있도록 고용 정책을 강화해야 하며, 특히 비정규직의 처우 개선이 필요하다.

④ 제언 4: 육아 이미지 개선

육아에 대한 불안감이 자녀를 가지려는 의욕을 줄이는 요소 중 하나인 것으로 나타났다. 따라서 육아에 대한 긍정적인 이미지를 강화하고, 경제적 지원 외에도 육아의 즐거움을 알릴 수 있는 정책이 필요하다. 이를 위해 젊은 세대가 자주 이용하는 SNS나 인플루언서 마케팅 등을 통해 자연스럽게 관련 정보를 전달하는 것이 효과적일 수 있다.

⑤ 제언 5: 양육 가구에 대한 경제적 지원 강화

경제적으로 여유가 없는 가구일수록 이상적인 자녀 수를 적게 응답하는 경향이 있었다. 또한, 추가 출산 의향에 영향을 미칠 수 있는 지원 중 상위 5개 항목이 모두 경제적 지원과 관련된 것으로 나타났다. 이처럼 경제적 지원이 출산 의향 혹은 이상적 자녀 수에 긍정적 영향을 미치는 것으로 확인된 만큼, 출산휴가 및 육아휴직 기간 동안의 소득 보장을 강화하는 등 보다 적극적인 지원 방안을 검토해야 하며, 젊은 세대를 대상으로 급부액을 확대하는 방안도 함께 검토할 필요가 있다.

⑥ 제언 6: 누구나 필요한 교육을 쉽게 받을 수 있는 환경 조성

자녀 교육비에 대한 부담은 출산을 망설이게 하는 요인 중 하나인 것으로 나타났으며, 추가 출산 의향에 영향을 미칠 수 있는 지원 항목 중 가장 높은 응답이 자녀 교육비 보조였다. 또한, 고등학교 교육이 최소한의 생활 기준으로 자리 잡은 현실을 고려해, 고등학교 등 취학지원금 제도의 활용을 촉진할 필요가 있으며, 누구나 경제적 부담 없이 필요한 교육을 받을 수 있도록 환경을 조성할 필요가 있다.

⑦ 제언 7: 양육 가구에 대한 주거환경 확보 및 개선 지원 강화

이상적 자녀 수와 실제 자녀 수의 차이는 자가 주택 거주 가구에 비해 민간 임대주택 거주 가구에서 큰 것으로 나타났으며, 이는 안정적인 주거 환경의 확보가 자녀 계획에 긍정적 영향을 미치는 것으로 이해할 수 있다. 따라서 자녀를 위한 방이 적절히 확보된 주택 제공, 다자녀 가구 또는 어린 자녀를 둔 임차인 가구에 대한 대출 우대 등을 포함한 주거 지원 정책을 확대할 필요가 있다.

⑧ 제언 8: 출산·육아와 일의 양립을 위한 지원 강화

출산 후 직장을 계속 다니고 싶은(혹은 다니고 있는) 여성들은 육아에 대한 부담을 크게 느끼는 것으로 조사되었다. 이는 육아휴직 후 복직이 어려워지거나, 일과 육아를 병행하는 데 어려움을 겪기 때문이다. 이러한 조사 결과는 그간의 출산·육아와 일의 양립을 위한 정책들의 도입 및 강화가 충분하지 않은 수준임을 시사한다. 따라서 보육시설 확충, 출산 및 육아휴직 제도 개선 및 이 제도를 취득하기 쉬운 환경 조성 등과 함께 근무 형태의 다양화, 근무 중 가사 및 육아를 대체할 수 있는 서비스 제공

같은 새로운 양립 지원 체계를 도입할 필요가 있다.

⑨ 제언 9: 여성 부담 경감을 위한 지원 강화

부부의 역할 분담과 이상적인 자녀 수 간의 관계를 살펴보면, 부부가 동등하게 가사 및 육아를 분담하는 경우 이상적인 자녀 수가 증가하는 경향이 나타났다. 그러나 현실에서는 여성이 결혼과 출산에 대한 부담을 더 많이 느끼고 있으며, 이러한 부담은 자녀 출산 의욕을 저하시킨다. 또한, 남편의 육아휴직 취득률이 낮고, 취득한 경우에도 그 기간이 짧아 가사 및 육아에 필요한 시간 확보가 어렵다. 따라서 여성을 위한 출산·육아와 일의 양립 지원 강화 정책뿐 아니라 남성을 대상으로 한 정책도 필요하다. 남성을 대상으로 한 정책은 가사 및 육아 참여를 위한 시간을 확보하는 데 초점을 맞춰야 하며, 구체적으로는 남성의 육아휴직과 근로시간 단축제도의 활용을 적극 촉진하는 정책이 필요하다.

제5장

일본 인구 변화의 요인 및
인구정책의 효과성

제1절 혼인·출산 등 인구 변화의 요인 검토
제2절 주요 인구정책의 효과성 검토

제5장 일본 인구 변화의 요인 및 인구정책의 효과성

제1절 혼인·출산 등 인구 변화의 요인 검토

1. 인구통계학적 요인

　堤静子(2011)의 연구는 일본 저출산의 주요 요인인 '미혼화'와 결혼 및 출산 시기를 연기하는 '만혼화', 결혼한 사람들의 출산력인 '유배우 출산율'의 3개 요인이 각각 출산율에 미치는 영향, 그리고 상기 3개 요인에 영향을 미치는 사회경제적 요인에 대해 코호트 자료를 구축하여 분석하였다. 무엇보다 여성의 기회비용과 경제적 비용에 초점을 맞춰 1970년대 이후 일본의 출산율에 대해 4개 추정식을 이용하였다. 첫 번째는 완결출산율, 두 번째는 생애미혼율, 세 번째는 평균 혼인연령, 네 번째는 유배우출산율을 종속변수로 하여 회귀분석하였다. 분석 대상은 1970~2005년의 인구총조사의 지역별 자료를 이용하여 각 조사 연도의 20~24세를 기준으로 5년 후 조사에서 25~29세, 또 다시 5년 후 조사에서 30~34세, 35~39세 순으로 유사 코호트(psuedo cohort)를 구축하여 분석하였다.
　이 연구의 특징은 일본의 인구총조사 자료를 이용하여 여성의 코호트별 완결출산율을 제시한 것, 만혼화의 영향을 분석하기 위하여 평균혼인연령 변수를 도입한 것, 미혼화의 영향을 분석하기 위하여 생애미혼율의 의미를 갖는 35~39세 미혼율을 도입하여 미혼화와 만혼화의 영향을 분리하였다는 것에 있다.
　분석 결과, 완결출산율은 생애미혼율과 평균 혼인연령에 유의하게 음(-)의 영향을 미치고 있었고, 유배우출산율이 완결출산율을 증가시키는 효과와 생애미혼율을 감소시키는 효과의 차이가 젊은 코호트일수록 축소되고 있는 것으로 나타났다. 그러나 결혼 및 출산을 연기하는 사람(늦게 결혼한 경우 및 출산이 늦은 경우)이 결혼으로 이행하여 완결출산율의 감소를 상쇄시키는 효과는 크지 않은 것으로 나타났다. 따라서 만혼화는 출생아 수 자체를 감소시킬 가능성이 크다는 것을 보여주었다.

中井章太(2016)의 연구는 지역별 거시 자료로 지자체 간의 출산율 격차 요인에 대해 분석하였다. 출산율은 남녀 미혼율과 부부의 출산력인 평균 자녀 수로 분해하여 각각을 종속변수로 하는 중회귀 분석을 하였다. 특히 독립변수를 특정하지 않고, 선행연구에서 나타난 요인 변수들의 상관성을 분석하여 귀납적으로 인과 관계를 살펴보고, 이를 바탕으로 모델을 구축한 특징이 있다. 또한, 이 연구에서는 이성의 특성이 미치는 영향에 대해 분석하였다는 측면에서 특징이 있다. 종속변수로 도입한 미혼율은 2010년 인구총조사의 20~39세 여성 미혼율, 부부의 출산력을 나타내는 변수는 동 자료에서 아내의 연령이 40~44세 시점에서의 평균 자녀 수를 도입하였다.

분석 결과, 미혼율에는 주거 비용이 양(+), 남녀 비율이 음(-), 남성 아르바이트 비율이 양(+)의 영향을 미치는 것으로 나타났다. 여기에서 남녀 비율은 20~39세의 남녀 성비로 결혼 시장에서의 성비 균형 정도를 나타내는 변수라고 볼 수 있으며, 남성이 많다는 것은 여성에게 있어서 그만큼 결혼 상대자를 찾기 쉽다는 것을 시사한다. 그리고 남성 아르바이트 비율은 청년 남성의 고용 환경을 나타내는 변수로서 남성의 아르바이트가 많다는 것은 고용 환경이 어려워지는 것을 의미하므로 여성의 결혼할 수 있는 확률을 감소시킨다고 볼 수 있다. 자녀 수를 분석한 결과, 이상 자녀 수는 양(+), 1인당 식비는 음(-), 여성의 첫 출산 연령은 음(-)의 영향을 미치는 것으로 나타났다. 1인당 식비는 자녀 양육비 등의 대리변수라고 볼 수 있는데, 이러한 비용이 증가하면 자녀 수를 억제하려는 경향이 있는 것으로 볼 수 있다. 정책적 시사점으로는 각 지역의 남녀 성비 균형을 맞추기 위해 수도권 집중을 완화하는 것, 정규직 비율을 높이는 것 등을 제시하였다.

2. 학력, 고용, 소득 관련 요인

佐々木尚之(2012)의 연구는 학력, 일자리, 주거 형태 등의 변수가 결혼에 미치는 영향과 미혼화 및 만혼화의 요인을 검토하여 저출산 고령화를 억제하기 위한 정책에 대해 논의하였다. 분석 자료는 '일본판 GSS(General Social Survey) 라이프 코스 조사' 자료이며, 남녀 2,688명을 분석 대상으로 사건사 분석(event history)을 하였다.

분석 결과, 학력의 경우, 29세 이전의 여성은 대졸보다 고졸의 결혼 타이밍이 빠르고, 29세 이후에는 반대로 대졸이 빠른 것으로 나타났다. 일자리의 경우, 26세 이후의 비정규직 여성은 정규직보다 결혼 타이밍이 빠르다는 결과를 도출하였다. 주거 형태는 부모와 함께 사는지의 여부로 분석하고 있는데, 남녀 모두 부모와 함께 살면 학력과 일자리 등과 관계없이 결혼 시기가 늦어지는 것을 알 수 있었다.

결혼 이론을 설명하는 선행연구에서는 고학력이 결혼을 지연시킬 가능성(결혼 및 출산으로 인한 기회비용의 상승 등)을 언급하고 있으나 일본의 경우는 이와 반대의 결과가 나타나고 있는데, 그 이유는 아마도 학력과 소득이 연동되지 않는 일본의 특징이 반영되어 있는 것이라고 지적하였다. 즉, 일본의 경우는 일·가정 양립이 원활하지 않아서 결혼 및 출산을 계기로 노동시장에서 이탈하는 경우가 많으므로 고학력이라고 해서 고소득이 아닌 경우도 있기 때문이라고 볼 수 있다.

三好向洋(2013)는 청년들의 소득 및 고용 형태 등의 일자리 특성, 실업률 및 학력 등의 인적자본(human capital) 특성이 결혼 선택에 미치는 영향에 대해서 분석하였다. 분석 자료는 일본의 가계경제연구소가 조사한 '소비생활에 관한 패널조사'의 원자료를 이용하였다. 이 자료는 1993년에 24~34세를 대상으로 조사를 시작한 이후(코호트 A), 1997년에 24~27세(코호트 B), 2003년에 24~29세(코호트 C), 2008년에 24~28세(코호트 D)가 추가되었다. 분석은 전체 샘플과 코호트별로 Cox Proportional Hazard Model을 이용한 분석이 이루어졌다.

분석 결과, 남성의 경우 정규직일 경우 결혼 타이밍이 빨라졌고, 여성의 경우 코호트별의 차이가 있고, 그 크기는 작았지만 졸업 당시의 실업률이 결혼 타이밍을 느리게 하는 효과가 있는 것을 알 수 있었다. 이 결과는 일부 일본 여성의 경우, 자립 효과(self-reliance effect)[41]가 있다는 것을 시사한다. 하지만 이 분석에는 자료의 특성상 24세 이전의 표본이 포함되어 있지 않다는 한계점[42]이 있으며, 이러한 한계로 인하여 상기와 같은 결과가 도출되었을 가능성이 있다.

佐々木昇(2016)의 연구는 청년들의 고용 환경의 악화가 서로 미혼으로 있을 확률에 미치는 영향에 대하여 분석하였다. 즉, 남성의 특성이 여성의 미혼 확률에 미치는 영향, 여성의 특성이 남성의 미혼 확률에 미치는 영향에 대해 분석하였다. 일본의 경우, 이중노동시장이 비교적 확고하게 형성되어 노동시장이 유연하지 않으므로 졸업 후 비정규직으로 취업한 경우에는 정규직으로의 이행이 녹록치 않다. 또한, 비정규직은 정규직에 비하여 생애 임금이 낮을 뿐만 아니라 고용 또한 불안정한 경향이 있다고 볼 수 있다.

분석 자료는 1992년, 1997년, 2002년에 실시한 '취업구조기본조사'의 원자료이며, 분석 대상은 25~44세의 청년 남녀이다. 미혼인 경우를 종속

---

41) 소득이 높을 경우에 결혼하지 않고 독신으로 남을 확률을 증가시키는 효과를 말함.
42) 여성의 경우 24세 이전에 결혼하는 경우가 남성보다 많이 존재하기 때문임.

변수로 하는 회귀분석 결과, 남녀 모두 서로 학력, 연령, 남녀 비율, 평균 소득을 통제해도 비정규 고용률의 증가가 이성의 미혼 확률을 유의하게 증가시키는 것으로 나타났다. 결혼 시장에서 비정규직 고용의 확대는 쌍방의 이성에 있어서 결혼할 만한 상대(marriageable partner)의 감소로 이어져 특히 저학력인 경우의 미혼 확률이 증가하는 것으로 나타났다. 또한, 앞에서 언급한 일본의 유연하지 않은 노동시장이 이러한 경향을 더욱 심각하게 만들고 있는 것도 알 수 있었다. 따라서 혼인율을 높이기 위해서는 남녀를 불문하고 전체적인 소득 향상 및 비정규직에서 정규직으로 이행하는 것에 대한 지원이 필요하고, 특히 저학력자들에 대한 정규직 이행 지원이 효과적이라는 시사점을 도출하였다.

麦山亮太(2017)의 연구는 기존의 일자리 특성을 분석한 연구와 차별화하여 직종 및 기업 규모 등의 변수를 도입하여 결혼 이행에 미치는 영향에 대해 분석하였다. 분석 자료는 앞의 佐々木尚之(2012)가 이용한 '일본판 GSS(General Social Survey) 라이프 코스 조사' 자료로 1966~1980년 코호트의 직업력 변수를 이용하였다. 분석 방법은 보 로그 로그 모델(complementary log-log model)을 이용한 이산 시간 분석이다.

분석 결과, 남녀 모두 비정규직 고용이 결혼 이행에 음(-)의 영향을 미치는 것으로 나타났는데, 비정규직 고용 기간이 짧을 경우보다 긴 경우에 영향을 미치는 것으로 나타났다. 또한, 여성은 전문직인 경우, 남성의 경우는 대기업에 근무하는 것이 결혼을 촉진시킨다는 결과를 도출하였다.

2007~2015년 일본 고용 상태와 초혼과의 관계를 분석한 Matsuda & Sasaki(2020)의 연구는 이산 시간 로짓 모델(discrete-time logit model)을 이용하였고, 도쿄대학 사회과학연구소의 '일본 생애과정 패널 조사' 자료를 이용하였다. 이 조사는 2007년부터 시작되었고, 2007년 당시 20~34세 미혼 남성과 미혼 여성 각각 926명과 861명을 대상으로

조사하였다. 주요 독립변수로는 고용, 소득(연봉), 이성 교제 상대 유무와 결혼 및 직업에 대한 태도 등이다.

분석 결과, 남성은 정규직이라 하더라도 연봉이 300만 엔 미만일 경우 초혼 확률이 감소하지만, 여성은 남성과 다르게 소득과 큰 연관이 없는 것을 발견하였다. 또한, 비정규직 및 실업 상황에 있는 남성과 여성은 모두 초혼 확률이 감소하였고, 이성 교제 유무는 남녀 모두에게서 초혼 확률을 증가시키는 것으로 나타났다. 그 외에 결혼생활이 중요하다고 생각하는 가치관은 초혼 확률을 증가시키지만, 성공 중시 가치관은 초혼 확률을 감소시키는 것으로 나타났다.

따라서 고용 안정과 소득 수준을 개선하기 위한 정책이 필요하며, 특히 남성의 경우 경제적 안정이 결혼 결정에 큰 영향을 미치므로 안정된 고용 기회를 제공하는 것이 중요하다는 것을 지적하였다. 또한, 여성의 경제적 독립성과 결혼 가능성을 높이기 위해, 직업과 가정을 양립할 수 있는 환경을 조성해야 하고, 젊은 층이 결혼할 수 있도록 사회적 만남의 기회를 늘리고, 연애 상대를 찾기 위한 지원 프로그램을 마련할 필요가 있다는 점을 강조하였다.

3. 보육 관련 요인

鎌田健司(2013)는 일자리 상황과 보육 정책이 중심이 되는 양육 환경이 개인의 출산 행동에 어떤 영향을 미치는지에 대해 분석하였다. 자료는 2010년 일본 국립사회보장·인구문제연구소에서 실시한 '출생동향기본조사' 원자료를 이용하였고, 여기에 지역 변수인 여성의 고용률(20~39세), 보육정원률(0~4세 인구당), 잠재정원률(여성 20~39세 인구당), 공립 및 사립 보육소 비율을 도입하여 분석하였다. 분석 대상은 첫째 자녀가 있는 여성으로 두 번째 자녀 출산에 대해 분석하였다.

이 연구에서는 분석의 특성에 따라 모델을 고려하였는데, 개인 요인과 지역 요인을 동시에 추정할 경우, 지역 요인의 영향이 그 지역에 속해 있는 모든 개인에게 공통으로 영향을 주기 때문에 지역 요인과 개인 요인 간에 상관성이 발생할 수밖에 없으며, 이로 인해 독립변수 간의 독립성이 보장되지 않는다는 점이다. 따라서 표준오차가 작아지게 되므로 유의성이 과대로 추정될 수 있는 위험성이 있어 이 연구에서는 다층 모델(multilevel model)로 분석하였다. 1레벨은 통상적인 모델이고, 2레벨에서는 1레벨에서의 독립변수 간의 상관성을 제거하는 모델로 분석이 이루어진다. 주 분석 모델은 다층 이산 시간 로짓 모델이다.

분석 결과, 여성의 고용률이 높고 보육 정원이 충분한 지역에서 두 번째 자녀 출산 확률이 유의하게 증가한다는 결과를 도출하였다. 다만, 지역 변수의 분산이 매우 작아 규모가 큰 지역에서의 효과는 한정적일 수밖에 없다고 지적하였는데, 그럼에도 유의한 효과를 나타냈으므로 무시할 수 없는 요인이라고 볼 수 있다.

Lee and Lee(2014)는 일본의 보육시설 부족, 출산율 감소, 일·가정 양립 갈등이 여성의 경제활동참가의 증가에 따른 것인지에 대해 분석하였다. 보육시설 이용 가능성, 출산율 감소, 여성의 노동 공급 간의 장기적인 공적분(cointegration) 관계를 분석하기 위하여 Engle-Granger(1987)의 모델을 이용하여 분석하였다. 자료에서 출산율 변수는 합계출산율, 보육시설 이용 가능성 변수는 인가·비인가 보육시설 현원 수, 경제활동참가 변수는 경제활동참가율 및 실업률을 도입하여 분석하였다.

분석 결과, 보육과 출산율 간에 인과성이 없는 것으로 나타났는데, 이것은 현재의 보육 상황이 여성들의 출산율 제고에 효율적으로 작동하고 있지 않다는 것을 의미한다고 지적하였다. 또한, 보육은 출산율에는 영향을 미치지 않았으나, 여성의 노동력 공급에는 일정 정도 긍정적인 영향을 미치는 것으로 나타났다.

中澤克佳 외(2015)의 연구는 출생아 수 감소 및 여성의 사회진출 증가 등 가정 내 부양 기능이 약화되고, 특히 도시부를 중심으로 보육시설의 대기아동 문제 및 출산율 감소가 나타나고 있는 상황에서 지자체의 양육지원 정책의 효과를 정량적으로 평가하고, 심층 면접을 통한 정책과제를 발굴하였다. 먼저 지자체의 사회경제적 특성 및 양육지원 정책이 '아이를 낳고 키우고 싶은 환경을 형성하고 있는지'에 대해 출산율과 아이들의 이동이라는 두 가지 관점에서 정량적 평가를 수행했다. 결과적으로 보육시설의 양적 확충이 주로 자녀가 있는 부모의 이동 유인이 되며, 특히 도쿄권에서는 보육시설의 양적 정비가 중요하다는 것을 보여주었다.

그리고 도쿄권의 대도시들은 심각한 보육시설 부족을 인지하고, 보육시설의 양적 확대가 이루어져 왔다. 그러나 인구 감소 사회가 된 일본의 상황에서는, 도시 지역에서도 아이들의 감소를 피할 수 없으며, 보육시설의 단순한 양적 확대는 머지않은 미래에 부정적 자산이 될 가능성이 있다. 모범적인 지자체의 사례에서는 보육시설의 확충 및 정비 등의 하드웨어적인 면뿐만 아니라, 각 지자체가 가진 자원을 효과적으로 활용하기 위한 소프트웨어적인 서비스도 확충하고 있음을 알 수 있었다. 이러한 소프트웨어적인 서비스의 확충이 보육 서비스의 공급 효율성을 개선하였고, 대기아동 문제에서 발생하는 '미스 매치'를 완화시키는 효과가 있었다. 물론 보육시설의 양적 확충이 대기아동 문제 해결에 크게 기여하고 있는 것은 사실이지만, 이러한 사례가 시사하는 바는 지자체의 전략적인 인프라 정비에 있어서, 설정된 정책 목표에 대한 하드웨어적인 인프라와 소프트웨어적인 인프라를 상호 보완하고 조합하여, 보육 서비스의 '양'과 '질'을 어떻게 향상시킬 것인지 인식하면서 인프라 정비를 추진하는 것임을 지적하였다.

Fukai(2017)의 연구에서는 보육 가능성이 출산율에 미치는 영향에 대해서 잠재적으로 편향을 발생시킬 수 있는 요인을 고려하여 분석하였다. 분석 자료는 2000년부터 2010년까지 일본의 시구정촌 단위 인구 총조사 및 동태 통계 데이터를 사용하여, 보육 가능성 지수(보육시설/0~5세 아동 인구) 변수를 도입하여 추정하였다. 이 추정식에서는 지역 변수가 포함되어 있고, 여성 노동 참여율에 있어서 관측되지 않은 지역 차이(unobservable regional difference)가 보육 가능성에 영향을 미칠 가능성이 존재하지만, 필자는 이러한 차이를 "오랜" 규범의 결과이기 때문에 지역 간 고정된 요소로 간주할 수 있다는 선행연구를 따라 고정 효과로 설정하여 추정하였다.

분석 결과, 2000년부터 2010년까지 일본의 보육 가능성 증가가 여성의 취업 성향이 높은 지역에 거주하는 25~39세 여성의 출산율에 작지만 유의미한 증가를 가져왔으나, 다른 지역에서는 유의미한 영향이 없었다. 따라서 정부가 보육 정책을 수립할 때 지역적 이질성에 주목하는 것이 중요하며, 더 나은 보육 접근성과 기타 가족 친화적인 조치가 결합되어 일본 여성들이 초기 경력에서 일과 가정을 균형 있게 유지할 수 있도록 지원해야 한다고 지적하였다.

加藤久和(2017)은 지역별 출산율 차이의 원인을 규명하고자 하였으며, 특히 출산율과 인구 밀도와의 관계를 검증하고자 하였다. 지역별 출산율 차이의 배경에는 다양한 요인이 존재하지만, 도시의 경우에는 일·가정 양립 지원 제도, 육아 관련 자원, 주거 등의 요인과 상관성이 크다. 또한, 자녀 양육 비용 및 일·가정 양립의 가능성은 거주지 선택에 영향을 미친다. 이 연구에서는 이러한 요인의 대리변수로서 인구 밀도를 도입하였다. 그래서 일정한 조건하에서는 지방의 최적 자녀 수가 도시보다 많다는 모델을 바탕으로 시정촌을 대상으로 분석하였다. 분석 자료는 시정촌별

합계출산율이다.43)

　분석 결과, 인구 밀도가 높은 시정촌일수록 합계출산율이 낮고, 여성의 취업 비율이 높은 시정촌일수록 출산율이 높다는 결과를 도출하였다. 또한, 순 전입률이 높은 시정촌일수록 출산율이 높은 경향이 있다는 결과도 나타났다. 그리고 2005년과 2010년 사이의 합계출산율 변화를 추정한 결과, 인구 밀도는 합계출산율에 음(-), 여성의 노동력 비율에는 양(+)의 영향을 미치는 것으로 나타났고, 인구 밀도가 상승한 시정촌과 그렇지 않은 시정촌을 구분하여 두 시점 간 인구 밀도 상승이 출산율에 미친 영향을 추정한 결과, 인구 밀도가 상승한 시정촌에서는 평균적으로 합계출산율이 0.091 낮아졌으나, 평균 인과 효과를 고려하면 0.05의 하락에 그친다는 것을 알 수 있었다.

　增田幹人(2018)의 연구에서는 수도권에 위치한 4개 현(도쿄도, 가나가와현, 사이타마현, 지바현)을 대상으로 도쿄 중심지로 정의된 도쿄도 치요다구에서 각 시정촌까지의 거리와 합계출산율 간의 관계를 검증하였다. 분석 방법은 각 시정촌의 합계출산율을 종속변수로 하고, 앞에서 언급한 중심지로부터의 거리 및 그 외 변수로 회귀분석하였다.

　분석 결과, 도쿄도, 가나가와현, 지바현에서는 도쿄 중심지로부터의 거리가 합계출산율에 양(+)의 영향을 미치는 것으로 나타났다. 출산율의 중요한 결정 요인은 결혼 행동이라고 할 수 있는데, 이를 대리하는 변수인 합계 미혼율44)의 영향을 제거해도 결과는 같았다. 반면, 사이타마현은 도쿄 중심지로부터의 거리와 합계출산율 간에 유의미한 U자형 관계가 관찰되었으며, U자의 저점은 도쿄 중심지로부터 30~60km 지점의 자치체에서 나타났다.

---

43) 안정적인 출산율 자료를 확보하기 위하여 후생노동성의 '인구 동태 통계 특수 보고' 자료를 사용함.
44) 15~49세의 미혼자 수를 해당 연령의 총인구수로 나눈 값.

앞에서 언급한 바와 같이 도쿄도, 가나가와현, 지바현의 경우에는 거리와 양(+)의 관계가 관찰되었는데, 이는 도쿄 중심지에서 멀어질수록 기회비용이 줄어들기 때문으로 해석될 수 있지만, 사이타마현에서는 여기에 더하여 도쿄 중심지에서 10~30km 지점에 위치한 지역은 양육환경이 잘 갖춰져 있는 반면, 30~60km 지점에 위치한 지역은 통근 시간과 보육시설 위치 상황과의 관계로 양육 환경이 좋지 않다는 점이 두드러진 것으로 보인다.

이러한 결과는 일반적으로 기회비용이 높고 출산율이 낮은 도쿄 중심지에 가까운 지역에서도 만일 다양한 측면에서 보육 환경을 정비한다면 출산율을 높일 수 있는 가능성이 있다는 것을 시사하며, 대기아동 문제 등이 심각한 도쿄 23구를 비롯한 도시 지역이 효과적인 저출산 대책을 수행할 때 중요한 검토 자료가 될 것이라고 지적하였다.

4. 일·가정 양립, 남편의 가사 및 육아 관련 요인

樋口美雄 외(2016)의 연구는 일본 여성의 결혼, 출산, 취업 행동에 대한 경제적 및 시간적 제약 요인과 이러한 제약을 완화하기 위한 대책의 효과를 분석하였다. 분석 자료는 일본 후생노동성이 2002년부터 20~34세 남녀를 대상으로 매년 실시하고 있는 '21세기 성인 종단 조사'와 앞에서 언급한 '소비생활에 관한 패널조사'이다. '21세기 성인 종단 조사'는 대규모 샘플과 지역 정보를 포함하여 결혼, 출산, 취업에 대한 거시적이고 포괄적인 분석을 가능하게 하고, '소비생활에 관한 패널조사'는 여성 특화 질문과 장기 데이터를 통해 여성의 라이프 이벤트에 대한 세부적이고 심층적인 분석을 가능하게 하는 장점이 있어서, 이를 활용하여 보완적인 분석을 하였다.

분석 결과, 부모와 동거하는 대졸 여성의 결혼율이 높고, 시간당 임금률이 높은 취업자의 결혼율이 높은 것으로 나타났는데, 특히 정규직의 경우 통근 시간이 짧은 여성의 결혼율이 높은 것으로 나타났다. 그리고 남편의 소득이 낮고 본인의 시간당 임금률이 높으며 학력이 높은 여성과 육아휴직을 쉽게 사용할 수 있는 기업에 다니는 사람의 경우 결혼 후에도 취업을 지속할 확률이 높아지는 것으로 나타났다. 또한, 남편이 가사와 육아에 많은 시간을 할애하는 가정에서 출산율이 높은 것으로 나타났다. 출산 후 취업이 지속될 확률은 남편의 소득이 높을수록 낮고, 여성 본인의 시간당 임금률이 높을수록 높게 나타났다. 그러나 정규직의 경우 노동 시간이 길수록 지속 취업률이 낮고, 통근 시간이 길수록 더욱 낮아지는 것으로 나타났다. 다만, 육아휴직제도를 쉽게 이용할 수 있는 기업과 보육 시설이 많은 지역에서 지속 취업률이 높았다. 출산을 계기로 퇴직한 여성의 재취업률은 남편이 가사와 육아에 많은 시간을 할애하는 가정에서 높고, 남편의 연봉이 높은 가정에서는 낮게 나타났다.

이러한 결과로 제시할 수 있는 정책적 시사점은 육아휴직을 쉽게 사용할 수 있는 환경의 중요성, 남편의 가사와 육아 참여와 보육시설의 이용 가능성이 여성의 경제활동을 촉진하는 동인이 될 것이라고 지적하였다.

Nagase and Brinton(2017)의 연구는 일본의 노동시장 구조, 직장 규범, 그리고 법적 환경이 남성의 가사 노동 기여와 둘째아 출산 이행에 미치는 영향을 분석하였다. 분석 자료는 앞서 언급한 '21세기 성인 종단 조사'이며, 분석 방법은 남편의 가사 노동 기여는 패널 고정 효과 모델(fixed-effects model), 둘째아 출산 이행은 고정 효과 선형 확률 모델(fixed-effects linear probability model)이다.

분석 결과, 대기업에 근무하는 대졸 남성인 경우와 남편의 주간 근무 시간이 길수록 가사 노동 기여는 줄어드는 경향을 보였다. 이는 장시간 근무가 남편의 가사 노동 참여를 제한한다는 것을 보여준다. 둘째아로의 출산 이행은 남편의 가사 노동 시간이 많을수록 높아지고, 아내가 노동 시장에 참여할 경우 낮아지는 것으로 나타났다. 따라서 정부는 남성의 가사 노동 참여를 촉진하기 위한 정책을 강화할 필요가 있으며, 가사 및 육아에 대한 남성의 참여를 장려하는 기업을 인정하고 지원하는 프로그램을 확대하는 한편 직장 내 성 평등을 위한 교육과 인식을 제고하고, 유연 근무제 등의 제도적 지원을 강화해야 한다고 지적하였다.

加藤承彦와 福田節也(2018)의 연구의 목적은 대규모 종단 조사 데이터를 활용하여 남성의 육아 참여 및 3세대 동거와 출생 행동 간의 관련성을 검증하는 것이다. 분석 자료로는 후생노동성의 '21세기 출생아 종단 조사(2001년 코호트)'를 사용하였으며, 분석 방법으로는 첫째 또는 둘째 출산 후 6년 이내에 다음 자녀가 태어났는지 여부를 종속변수로 하는 다변량 로지스틱 회귀 분석을 하였다. 주요 설명 변수로 자녀가 6개월일 때의 남성 육아 참여도와 3세대 동거 여부를 도입하였다.

분석 결과, 첫째 아이가 태어난 가구 중 68%에서 둘째 아이가 태어났으며, 둘째 아이가 태어난 세대 중 22%에서 셋째 아이가 태어난 것으로 나타났다. 그리고 남성의 육아 참여도가 높은 세대일수록 다음 자녀가 태어날 확률이 유의하게 높고, 3세대 동거 변수는 첫째 아이가 있는 가구에서는 유의한 영향이 없었으나, 둘째 아이기 있는 가구에서는 긍정적인 영향이 있는 것으로 나타났다.

정책적 시사점으로는 남성의 적극적인 육아 참여가 자녀 출산에 긍정적인 영향을 미치므로, 이를 장려하는 정책이 필요하다는 것을 강조하였다. 다만, 3세대 동거의 효과는 가족 구성에 따라 다를 수 있으므로, 앞으로 세부적인 분석과 맞춤형 정책이 필요하다고 지적하였다.

제2절 주요 인구정책의 효과성 검토

1. 양육지원 정책

宮本由紀와 荒渡良(2013)는 지역 거시 데이터를 이용하여 양육지원 정책을 소득보조와 비소득보조로 분류하여 이러한 지원이 출산율에 미치는 영향에 대해서 분석하였다. 또한, 소득보조와 비소득보조 정책 중 효과가 더 좋은 정책에 대해서도 검토하였다. 양육지원 정책은 민생비(民生費) 중 아동복지비를 대리변수로 하였는데, 소득보조는 아동복지비 중 부조비(扶助費)[45]를 대리변수로 하였고, 부조비 이외의 비용을 비소득보조로 하였다. 분석 방법은 출생아 수를 가임 여성 인구(15~44세)로 나눈 수치를 종속변수로 하여 회귀분석을 하였다. 보통 지역 데이터를 이용하는 경우 출산율은 합계출산율을 사용하는데, 출생아 수를 가임 여성 인구로 나눈 수치를 사용한 이유는 우리나라의 시군구에 해당하는 시구정촌의 합계출산율이 5년 평균으로 제공되고, 분석 기간에 몇몇 시구정촌의 통합이 이루어졌기 때문이라고 설명하고 있다.

분석 결과, 소득보조와 비소득보조 둘 다 출산율에 양(+)의 영향을 미치는 것으로 나타났고, 각 지역의 자녀 1인당 비소득보조의 크기 및 임금 수준 등에 따라 소득보조의 효과가 큰 지역, 비소득보조의 효과가 큰 지역이 있는 것으로 나타났다. 따라서 양육지원 정책은 전국이 일률적으로 시행하기보다는 예산을 각 지자체에 분배하여 지자체에서 자체적으로 정책을 시행하는 것이 효과가 크다고 제안하였다.

---

45) 민생비는 일본 지자체 예산 중 하나로서 주로 지역주민의 생활 및 복지를 향상시키기 위해 쓰이는 경비임. 아동복지비는 아이들의 건전한 성장과 발전을 지원하기 위한 경비로서 그중에서도 부조비는 특히 경제적 지원을 목적으로 하는 항목(아동수당, 영유아 의료비 지원, 모자후생보증 연금 등)임.

增田幹人(2016)는 지자체의 교육지원 정책 확대가 출산율에 미치는 영향에 대해서 분석하였다. 2005년과 2010년의 교육 물가지수(전체, 수업료등, 보습교육)가 합계출산율에 미치는 영향에 대해 회귀분석하였다. 교육 물가지수는 총무성의 '전국물가 지역차 지수' 중 교육 전체의 물가지수, 수업료 등의 물가지수, 보습교육의 물가지수를 각각 모든 재화를 포함한 물가지수로 나눈 값을 이용하였다. 분석 방법은 지역 합계 출산율을 종속변수로 하는 중회귀와 랜덤 효과 모델(random effect model)을 이용한 분석을 하였다. 분석 결과, 교육 전체 물가지수는 두 모델에서 모두 유의한 음(-)의 영향이 있었고, 수업료 등의 물가지수는 유의하지 않았지만 보습교육 물가지수는 유의한 음(-)의 영향이 있었다.

이러한 결과로 생각해 볼 수 있는 것은 각 지자체가 교육 부담을 완화하는 금전적인 지원을 하는 것에 따라 출산율 감소가 억제될 수 있는 가능성이 있고, 이러한 효과는 보습교육에서 강한 것을 시사하는 것이라 볼 수 있다. 또한, 교육 물가가 높다는 것은 도시 지역으로 이러한 경향은 보습교육이 현저하게 이루어지고 있다는 것을 나타낸다. 따라서 도시 지역에 대한 교육 부담 완화 정책이 효과적일 수 있다는 것을 시사한다.

松田茂樹(2019)는 양육지원 정책이 추가 출산 의향에 미치는 영향에 대해 분석하였다. 이 연구의 특징은 삽화 조사(vignette study)를 이용한 것인데, 조사에 사용되는 삽화는 가공의 인물 및 상황 등을 짧은 문장으로 기술한 형식, 키워드 형식, 대화 형식, 문장 형식, 그림 형식 등으로 표현하고, 이에 대한 요인 및 처한 상황에 대한 문맥 효과 등을 분석할 수 있는 장점이 있다. 즉, 이러한 가공의 상황에서 사람들은 어떤 생각이나 행동으로 반응할 것인가를 알 수 있다는 장점이 있는 것이라 할 수 있겠다.

조사 대상은 두 그룹으로 첫 번째 그룹은 0~3세 자녀가 있는 유배우 여성(20~44세) 696명, 두 번째 그룹은 전국의 20~44세 남녀 1,000명이다. 삽화로는 아동수당 증액(유지, 1.5배 증액, 2배), 육아휴직 기간 연장(1년, 2년, 3년), 유아교육비 무상화(전액 자기부담, 절반 부담, 전액 무상화), 동일노동·동일임금(현행, 동일노동·동일임금), 연장근로규제(현행, 월평균 60시간 미만, 월평균 30시간 미만)가 사용되었다. 이를 변수화하여 추가 출산 의향을 종속변수로 한 로짓 분석(logit model)을 하였는데, 2개의 레벨(1레벨: 양육지원정책, 2레벨: 개인)로 분석하였다.

분석 결과, 전체적으로 경제적 지원 정책(아동수당 증액, 유아교육 무상화 실시)이 추가 출산 의향을 증가시키는 효과가 크다는 것을 도출하였다. 여성의 경우는 경제적 지원 이외의 동일노동·동일임금, 연장근로규제도 유의한 영향을 미치는 것으로 나타났다. 이 중에서 연장근로규제는 추가 출산 의향에 음(-)의 영향을 미치는 것으로 나타났는데 그 이유로 생각해볼 수 있는 것이 일본 유배우 여성의 경우 파트 타임 노동을 하는 경우가 많은데, 근로시간을 규제하게 되면 가계수입이 감소할 가능성이 있다고 지적하였다.

坂爪聡子(2023)의 연구는 아동수당 지급이 기혼자의 자녀 수와 독신자의 결혼 선택에 미치는 영향에 관한 이론 모델을 구축하여 이론적으로 시뮬레이션 분석을 한 것이다. 기본적인 모델은 잘 알려진 Becker의 모델을 차용했다. 독신자를 모델에 도입하여 아동수당이 기혼자의 출생에 미치는 영향뿐만 아니라 독신자의 결혼에 미치는 영향도 분석하는 점, 그리고 정책의 재원을 소득세와 소비세로 분류하여 분석하는 점이 특징이라고 볼 수 있다.

분석 결과, 아동수당의 증액은 어느 정도 수준까지 인상하지 않으면 결혼을 촉진시키는 효과는 없지만, 그 수준까지 증액이 가능하다면 매우 큰 효과가 기대되는 한편, 개인 및 사회 전체의 출생아 수를 증가시킬 것으로도 기대할 수 있는 것으로 나타났다. 특히, 결혼을 촉진시키는 수준까지 인상하게 된다면 결혼 촉진에 의한 사회 전체의 출생아 수가 크게 증가할 것으로 분석하였다. 이뿐만 아니라 그 수준까지 기혼자의 효용도 증가할 것으로 보았다. 그러나 그 수준 이상으로 증액하게 되면, 사회 전체 및 개개인의 경제적 후생이 큰 폭으로 감소할 가능성이 있다고 하였는데, 특히 소비세를 재원으로 하게 되면 그 폭이 더 커질 가능성도 있다는 것을 강조하였다.

2. 일·가정 양립 지원 정책 및 보육 인프라 확충

가. 일·가정 양립 지원 정책

永瀬伸子(2014)의 연구는 3세 미만 자녀를 둔 고용자에게 하루 6시간 근무 선택권을 제공하는 단시간 근무 의무화가 첫째 아이의 출산, 자녀가 없는 이들의 출산 의욕, 그리고 첫째 아이 출산 후의 계속 근무에 미치는 영향에 대해 분석하였다.

일본에서는 2008년 말부터 2009년에 걸쳐 101명 이상의 기업에 대해 단시간 옵션의 의무화와 행동 계획의 의무화가 발표되었는데, 이를 자연 실험으로 하여 법이 시행된 101명 이상 기업 직원들의 출산이나 계속 고용이 100명 이하의 기업과 비교하여 어떻게 변화했는지, 즉 정책 변화가 있었던 2009년 이후에 그 이전과 비교해 통계적으로 유의미하게 상승 했는지 여부를 이중차분법(Difference in Difference, DID)을 통해 분석하였다. 분석 자료는 후생노동성의 '21세기 성인 종단 조사(2002-2010)'로서 실시 첫해는 20~34세의 남녀를 대상으로 조사하였는데, 이 연구에서는 여성만을 대상으로 하였다.

분석 결과, 법 시행 직후에 첫째 아이 출산 위험과 출산 의욕의 상승이 각각 유의하게 나타났다. 즉, 정규직의 근무 시간 유연성을 확대하는 정책은 대졸 여성에게 있어서 첫째 아이의 출산 확률을 높이고, 자녀가 없는 여성의 출산 의욕을 높이는 효과가 있음을 알 수 있었다. 반면, 첫째 아이 출산 후의 계속 근무에 대한 프로빗(probit) 분석에서는 단시간 근무 옵션의 유의한 효과는 없었지만, 2007년 이후 계속 근무 확률의 유의한 상승 효과가 있다는 결과를 도출하였다. 이는 2007년과 2010년에 육아 휴직 급여가 확대된 것과 관련이 있을 것으로 생각되지만, 이러한 정책의 대상이 되는 정규직은 출산 연령에 있는 미혼 여성의 절반에 불과하다. 따라서 비정규 고용자에 대한 보호가 확대되어야 하고, 이러한 것들이 실현되지 않는 한, 고용 보장이 잘 되어 있는 정규직 여성의 채용이 감소할 우려가 있다. 그리고 35~36세의 정규직 여성이나 계약직 여성의 무자녀 비율이 50%를 초과하지만, 이들의 출산 의욕은 비교적 높기 때문에 출산 의욕을 실현할 수 있는 고용 환경 및 보육 환경의 개선이 더욱 필요하다는 것을 지적하였다.

佐藤一磨(2014)는 '소비생활에 관한 패널 조사'를 사용하여 육아휴직 제도가 여성의 결혼을 촉진하는지 여부를 검증하였다. 종속변수는 t-1기에 미혼이었던 여성이 t기에 결혼했을 경우에 1의 값을 갖는 것으로 정의 하였고, 본인 근무처의 육아휴직제도 존재 여부 및 이용 가능성, 결혼 의향 등을 독립변수로 하여 패널 로짓 분석을 하였다.

분석 결과, 결혼 의향과 관찰되지 않는 개인 속성을 동시에 통제하면, 육아휴직 제도가 결혼 의사 결정에 영향을 미치지 않는 것으로 나타났다. 그러나 정규 고용으로 일하는 여성만을 분석하면, 결혼 의향과 관찰되지 않는 개인 속성을 동시에 통제해도, 육아휴직 제도가 결혼 의사 결정을 촉진하는 것으로 나타났다. 이러한 결과는 정규 고용으로 일하는 여성일 수록 결혼, 출산 후에도 계속 일할 의지가 강하고, 퇴직으로 인한 기회

비용도 높기 때문에 육아휴직 제도의 효과가 크기 때문이라고 지적하였다.

Yamaguchi(2019)의 연구는 佐藤一磨(2014)의 자료와 동일한 '소비생활에 관한 패널 조사'를 사용하여 육아휴직이 여성의 고용 및 출산 결정에 영향을 미치는 요인에 대해 분석하였다. 분석 방법은 동적 이산 선택 구조 모형(dynamic discrete choice structural model)을 이용하였고, 고용 보호와 현금 혜택을 포함한 여성의 경력 경로와 출산 선택을 시뮬레이션하였다. 분석 결과, 1년의 고용 보호 정책 도입은 여성의 고용을 상당히 증가시키지만, 1년에서 3년으로의 연장은 큰 효과가 없었고, 현금 지원의 고용 효과는 미미했으며, 전체적으로 육아휴직 정책은 출산율에 큰 영향을 미치지 않는 것으로 나타났다. 정책 시뮬레이션 결과에서는 초기 1년의 고용 보호 정책 도입은 모성 고용을 상당히 증가시키지만, 추가적인 기간 연장은 큰 효과가 없었으며, 현금 지원의 고용 효과 및 출산율에 미치는 효과도 제한적인 것을 알 수 있었다. 그리고 대도시와 지방 도시 간의 고용 기회 및 보육시설, 지역 경제, 문화 등의 지역적 차이가 있으므로 육아휴직 제도 등이 지역적 차이에 맞게 설계될 필요가 있다는 점을 제시하였다.

나. 보육 인프라 확충

宇南山·山本学(2015)의 연구는 인구감소사회에서 노동력을 확보하고 출산율을 제고하는 것은 지속적인 경제성장을 위한 과제이며, 그중에서도 보육시설 정비는 무엇보다도 중요한 요인이라는 배경하에 지역 거시 데이터를 이용하여 보육시설의 정비 상황이 출산율 및 여성의 고용률에 미치는 영향에 대해 분석하였다.

이 연구는 다양한 자료에서 거시 변수를 추출하고 있는데, 여성의 경제활동참가율은 일본의 인구총조사인 '국세조사'의 1980~2010년, 그리고 1996~2012년의 합계출산율, 보육시설 정원 수 등을 이용하였다. 여성의 경제활동참가율 변수는 노동 공급 측면에서 20~44세 여성 경제활동인구를 동일 연령 계급의 여성 인구로 나눈 수치를 이용하였고, 보육은 잠재 보육시설 정원율이라는 개념으로 보육시설 정원 수를 20~44세 여성 인구로 나눈 수치를 이용하였다.

분석 결과, 보육시설의 정비는 여성의 고용률을 증가시키고, 출산율도 증가시키는 결과를 도출하였지만, 보육시설 정비의 효과는 그렇게 크지 않은 것으로 나타났다. 즉, 보육시설의 정비만으로는 저출산을 해소하고 고용률을 증가시키는 효과는 한계가 있으며, 저출산·고령화를 완벽히 해결하기 어렵다는 것을 지적하였다. 따라서 앞으로 일·가정 양립 지원 정책의 추진 등의 일하는 방식의 개혁과 결혼·출산의 상충관계를 해소하는 것이 유용할 수도 있으므로 이러한 정책의 효과를 검증하는 것도 필요하다고 강조하였다.

深井太洋(2019)의 연구는 출산율 제고와 노동력 확보가 시급한 과제인 일본에서 그동안 육아 친화적인 환경을 구축하기 위한 다양한 정책이 시행되어 왔고, 그 일환으로써 1990년대 중반부터 지속적으로 추진되어온 보육시설 정비가 여성의 취업률과 출산율 상승에 어느 정도 기여했는지 분석한 것이다. 보육시설 정비는 주로 0~2세의 저연령 아동을 중심으로 이루어져 왔으며, 2000년에는 12세 아동 중 보육시설을 이용하는 비율이 약 19%였으나, 2018년 시점에서는 약 47%까지 상승하였다.

자료로는 '인구총조사'와 '인구동태조사'를 사용하였고, 출산율 및 취업률을 종속변수로 하는 OLS로 추정하였다. 다만, 보육 변수의 경우, 일하고 싶은 의욕이 높은 사람이 보육시설을 더 많이 사용하는 내생성(endogeniety)이 있을 수 있는데, 개인의 일하고 싶은 의욕은 관찰할 수 없으며, 오차항에 포함되어 보육시설 이용이 취업에 미치는 효과를 과대 추정하게 된다. 따라서 이 연구에서는 도구변수(instrumental variable)를 이용하여 내생성을 제거하는 방법을 취하여 분석하였다.

분석 결과, 보육시설 정비가 여성의 취업률과 출산율을 실제로 상승시켰음을 보여주었다. 특히 보육시설 정비로 인해 그동안 조부모의 육아 지원 등 비공식적인 돌봄을 이용하던 사람들이 보육시설을 이용하게 된 것, 아동의 나이가 어릴수록 보육시설 이용이 취업에 미치는 긍정적인 효과가 큰 것, 그리고 젊은 여성의 출산율이 상승한 것을 알 수 있었다. 따라서 보육시설 정비는 저출산·고령화 사회에 대응할 수 있는 정책으로서의 역할을 할 수 있을 것으로 지적하였다.

坂爪聡子(2022)의 연구에서는 만혼화 및 비혼화 문제가 심각한 일본에서 저출산을 극복하기 위해서는 결혼한 부부의 출생아 수를 늘리는 것뿐만 아니라 결혼을 늘리는 것이 필요하다는 배경하에 육아 서비스 비용을 보조하는 것이 기혼자의 출생아 수와 미혼자의 결혼 선택에 미치는 영향에 대해 시뮬레이션 모델로 이론적인 분석을 하였다. 또한, 미혼자가 결혼함으로써 증가하는 출생아 수를 고려하여, 육아 서비스 비용 보조가 총 출생아 수(기혼자의 출생아 수와 독신자가 결혼함으로써 증가하는 출생아 수를 합한 것)에 미치는 영향을 분석하였다.

분석 모델은 기본적으로 Becker의 가계 내 생산에 관한 모델 및 결혼 선택 모델을 참고하지만, 미혼자를 포함하여 육아 서비스 비용 지원이 기혼자의 출산에 미치는 영향뿐 아니라 미혼자의 결혼에 미치는 영향도 분석한 점, 그리고 지원하는 세금의 재원이 근로 소득세와 소비세로 조달되는 두 가지 경우에 대해 분석하는 점에서 기존과 다르다고 할 수 있다.

분석 결과, 결혼에 미치는 효과는 소득세와 소비세의 두 경우 모두 보조율을 일정 수준까지 인상하지 않으면 결혼을 촉진하는 효과는 나타나지 않지만, 일정 수준 이상으로 인상하면 매우 큰 효과를 기대할 수 있는 것으로 분석되었다. 그리고 육아 서비스 비용 보조율의 인상은 가계의 자녀 수를 증가시키는 것으로 나타났는데, 소득세와 소비세의 경우 모두 육아 서비스 비용 보조율을 인상하면 낮은 수준에서는 기혼자의 출생아 수가 증가하고, 일정 수준 이상이 되면 결혼이 촉진되어 사회 전체의 출생아 수가 크게 증가할 것으로 보인다. 또한, 사회 전체의 경제 후생도 상승하는 긍정적인 효과가 존재하지만, 일정 수준을 초과하여 인상하게 되면 사회 전체의 출생아 수는 증가할지 모르지만 동시에 사회 전체의 경제 후생은 감소하게 된다. 특히 소비세로 재원을 확보하는 경우에 그 증가 및 감소 폭이 더 클 것으로 예상하였다.

따라서 어떤 형태의 재원을 확보하든 육아 서비스 비용 보조율을 일정 수준까지 인상해야 큰 효과를 기대할 수 있다는 것을 알 수 있다. 다만, 보조율을 그 수준을 초과하여 인상하면 사회 전체의 경제 후생에 부정적인 영향을 미치며, 이 영향은 소비세를 재원으로 하는 경우 더 크다고 지적하였다. 따라서 소비세를 재원으로 할 경우 결혼 및 출산을 촉진하는 효과도 크지만, 사회 전체의 경제 후생에 미치는 부정적인 영향도 커지므로 보조율 인상에 주의가 필요하다고 분석하였다.

제6장

결혼·출산·육아에 관한 인식 조사

제1절 인식 조사 개요
제2절 결혼 및 출산, 성역할에 대한 인식
제3절 가사 및 자녀 육아 분담에 대한 인식
제4절 인구 변화 및 사회에 대한 인식
제5절 인구정책 및 예산 투입에 대한 인식

제6장 결혼·출산·육아에 관한 인식 조사

제6장에서는 「결혼·출산·육아에 관한 인식 조사」를 활용하여 인구 현상, 결혼, 출산 및 육아, 인구정책에 관한 일본 조사 대상자들의 인식을 다각도로 살펴보고자 한다. 제2절에서는 결혼 및 출산, 성역할에 대한 인식, 제3절에서는 가사 및 자녀 육아 분담에 대한 인식, 제4절에서는 인구 변화 및 사회에 대한 인식을, 마지막으로 제5절에서는 인구정책 및 예산 투입에 대한 인식을 살펴본다.

제1절 인식 조사 개요

「결혼·출산·육아에 관한 인식 조사」는 2024년 7월 일본에 거주하는 20세부터 49세까지의 성인 남녀 2,500명을 대상으로, 인구 현상, 결혼, 출산 및 육아, 인구정책에 관한 인식을 조사하여 일본 인구정책의 사회문화적 배경을 파악하기 위한 목적으로 실시되었다. 또한, 일본 조사와의 비교를 위해 동일한 문항으로 한국에 거주하는 20~49세 이하 성인 남녀 2,500명을 대상으로 조사를 병행하였다.

표본은 지역, 성, 연령별 비례할당 방식을 통해 추출하였으며, 조사는 구조화된 질문지를 이용한 온라인 방식으로 진행하였다. 조사 내용은 응답자 기본 사항, 결혼 및 출산, 성역할에 대한 인식, 가사 및 자녀 육아 분담에 대한 인식, 인구 변화 및 사회에 대한 인식, 인구정책 및 예산 투입에 대한 인식을 포함하고 있으며, 영역별 세부 내용은 다음과 같다.

〈표 6-1〉 결혼·출산·육아에 관한 인식 조사 내용

구분	주요 내용
응답자 기본 사항	-성별 -연령 -거주지역 -학력 -혼인상태 -자녀 유무, 자녀 수 -가구원 수 -경제활동상태 -가구 소득, 주관적 경제상태
결혼 및 출산, 성역할에 대한 인식	-결혼 의향 -출산 의향 및 계획 자녀 수, 이상 자녀 수 -가족계획 시 고려 요인 -자녀가 삶에 미치는 영향 -일과 가사 및 육아에 대한 성역할 인식
가사 및 자녀 육아 부담에 대한 인식	-(실제/바람직한) 가사분담 비율 -(실제/바람직한) 육아분담 비율 -일과 가사 및 육아 병행의 어려움
인구 변화 및 사회에 대한 인식	-인구 변화, 사회 구조에 관한 인식 -불평등에 관한 인식 및 성공을 위한 요인
인구정책 및 예산 투입에 대한 인식	-인구정책에 대한 인지도 -일·가정 양립 정책 활용 가능성 -자녀 출산 및 양육 관련 예산 투입 정도

인식 조사의 구체적 결과를 제시하기에 앞서 조사 대상자에 대한 이해를 돕고자 이들의 기본적 특성을 〈표 6-2〉에 제시하였다. 남성 비율이 51.1%로 여성 비율보다 근소하게 높고, 연령별로는 45~49세가 23.3%로 가장 높은 비중을 차지하였으며, 중소도시에 거주한다고 응답한 비율이 47.0%로 가장 높게 나타났다. 미혼과 법률혼의 비율 모두 약 40%로 나타났으며, 대다수(77.0%)가 취업 중이며, 43.0%는 자녀가 있다고 응답하였다.

〈표 6-2〉 결혼·출산·육아에 관한 인식 조사 응답자의 특성

(단위: %, 명)

구분		전체	
전체		100.0	(2,500)
성별	남성	51.1	(1,278)
	여성	48.9	(1,222)
연령	20~24세	9.8	(246)
	25~29세	18.3	(458)
	30~34세	13.9	(347)
	35~39세	17.4	(436)
	40~44세	17.2	(431)
	45~49세	23.3	(582)
거주지	대도시	19.1	(477)
	대도시의 외곽/교외	24.6	(614)
	중소도시	47.0	(1,176)
	농어촌	9.3	(233)
학력	고졸 이하	31.8	(794)
	대학 재학 및 졸업	64.5	(1,612)
	대학원 재학 및 졸업	3.8	(94)
혼인상태	미혼	41.1	(1,027)
	동거/사실혼	13.5	(337)
	법률혼	40.3	(1,008)
	이혼/별거/사별	5.1	(128)
근로 여부	취업 중	77.0	(1,925)
	미취업 중	23.0	(575)
자녀 유무	유	43.0	(1,074)
	무	57.0	(1,426)
가구소득	20만 엔 미만	24.0	(601)
	20만 엔~30만 엔 미만	24.4	(610)
	30만 엔~40만 엔 미만	18.6	(464)
	40만 엔~50만 엔 미만	14.9	(372)
	50만 엔 이상	18.1	(453)

주: 각 항목의 수치(비율)는 소수 둘째 자리에서 반올림하였음.

제2절 결혼 및 출산, 성역할에 대한 인식

〈표 6-3〉에서는 혼인상태가 법률혼인 경우를 제외한 후 일본 조사 대상자의 향후 결혼 의향을 살펴보았다. 결혼할 생각이 있다고 응답한 비율은 32.0%로, 한국에 비해 약 20%p 낮으며, 결혼할 생각이 없다고 응답한 비율은 25.2%로, 한국과 유사하다. 다만, 이러한 차이를 해석함에 있어 생각해본 적 없다(15.4%), 아직 결정하지 못했다(27.4%)고 응답한 일본 조사 대상자의 비율이 한국에 비해 각각 약 10%p 높다는 점을 고려할 필요가 있다.46)

〈표 6-3〉 향후 결혼 의향

(단위: %, 명)

구분	결혼할 생각이 있다	결혼할 생각이 없다	생각해본 적 없다	아직 결정하지 못했다	전체	
일본	32.0	25.2	15.4	27.4	100.0	(1,492)
한국	52.9	24.2	5.4	17.6	100.0	(1,383)

주: 각 항목의 수치(비율)는 소수 둘째 자리에서 반올림하였음.

결혼 의향을 조사 대상자의 특성에 따라 구체적으로 살펴보면, 결혼할 생각이 있다고 응답한 비율은 연령이 낮을수록, 대도시 또는 대도시의 외곽/교외, 대학 재학 및 졸업, 동거/사실혼, 취업자인 경우 상대적으로 높은 것으로 나타났다. 반면 성별에 따른 차이는 두드러지지 않았다.

---

46) 양국 간 결혼 의향 양상은 생각해 본 적 없거나 아직 결정하지 못했다고 응답한 일본 조사 대상자의 향후 결정에 따라 달라질 수 있음을 의미한다.

<표 6-4> 조사 대상자의 특성별 향후 결혼 의향

(단위: %, 명)

구분	결혼할 생각이 있다	결혼할 생각이 없다	생각해본 적 없다	아직 결정하지 못했다	전체	
전체	32.0	25.2	15.4	27.4	100.0	(1,492)
성별 (x^2=6.917)						
남성	30.7	25.4	17.5	26.5	100.0	(848)
여성	33.7	25.0	12.7	28.6	100.0	(644)
연령 (x^2=122.222***)						
20~24세	44.6	13.0	13.0	29.4	100.0	(231)
25~29세	43.0	18.8	14.8	23.4	100.0	(372)
30~34세	32.2	22.1	17.6	28.1	100.0	(199)
35~39세	31.6	23.4	12.0	33.0	100.0	(209)
40~44세	17.3	35.7	16.3	30.6	100.0	(196)
45~49세	17.5	39.6	18.6	24.2	100.0	(285)
지역 (x^2=18.957*)						
대도시	36.2	20.4	15.9	27.5	100.0	(309)
대도시의 외곽/교외	36.9	23.3	13.8	26.0	100.0	(369)
중소도시	28.9	28.0	16.5	26.6	100.0	(668)
농어촌지역	24.7	27.4	13.7	34.2	100.0	(146)
학력 (x^2=19.206**)						
고졸 이하	25.9	26.8	18.1	29.2	100.0	(514)
대학 재학 및 졸업	35.5	24.7	13.9	25.8	100.0	(926)
대학원 재학 및 졸업	28.8	17.3	15.4	38.5	100.0	(52)
혼인상태 (x^2=74.364***)						
미혼	28.1	25.6	16.3	30.0	100.0	(1,027)
동거/사실혼	48.7	18.1	14.5	18.7	100.0	(337)
이혼/별거/사별	18.8	40.6	10.9	29.7	100.0	(128)
자녀 유무 (x^2=19.048***)						
유	28.8	33.9	18.6	18.6	100.0	(236)
무	32.6	23.6	14.8	29.1	100.0	(1,256)
경제활동상태 (x^2=15.471*)						
취업 중	34.3	24.7	14.2	26.7	100.0	(1,165)
미취업 중	23.5	26.9	19.6	30.0	100.0	(327)
가구소득 (x^2=40.155***)						
20만엔 미만	24.6	24.0	20.3	31.2	100.0	(513)
20만엔 이상~30만엔 미만	34.7	26.4	11.7	27.2	100.0	(401)
30만엔 이상~40만엔 미만	32.4	25.6	14.5	27.5	100.0	(207)
40만엔 이상~50만엔 미만	40.2	29.3	9.1	21.3	100.0	(164)
50만엔 이상	38.2	22.2	16.4	23.2	100.0	(207)

주: 1) *p<0.05, **p<0.01, ***p<0.001
　　2) 5보다 작은 기대빈도를 갖는 셀이 20% 이상인 경우 x^2값을 제시하지 않음.
　　3) 각 항목의 수치(비율)는 소수 둘째 자리에서 반올림하였음.

〈표 6-5〉에는 향후 자녀 출산 의향을 제시하였다. 낳지 않을 생각이라고 응답한 일본 조사 대상자의 비율(45.9%)은 한국과 유사하였으나, 낳을 생각이라고 응답한 비율(20.3%)이 한국에 비해 약 11%p 낮은 것으로 확인되었다. 이러한 양상은 향후 결혼 의향을 제시한 〈표 6-3〉의 결과와 유사한 측면이 있다.

〈표 6-5〉 향후 자녀 출산 의향

(단위: %, 명)

구분	낳을 생각이다	낳지 않을 생각이다	생각해본 적 없다	아직 결정하지 못했다	전체	
일본	20.3	45.9	11.4	22.4	100.0	(2,500)
한국	31.2	47.3	5.9	15.6	100.0	(2,500)

주: 각 항목의 수치(비율)는 소수 둘째 자리에서 반올림하였음.

구체적으로는 향후 자녀를 낳지 않을 생각이라고 응답한 비율은 여성, 연령이 높을수록, 이혼/별거/사별인 경우 상대적으로 높은 것으로 나타났다. 또한, 동 비율은 자녀가 있는 경우 60.1%로, 자녀가 없는 경우에 비해 약 25%p 높아 추가 출산 의향은 첫 출산 의향에 비해 낮은 것으로 확인되었다.

〈표 6-6〉 조사 대상자의 특성별 향후 자녀 출산 의향

(단위: %, 명)

구분	낳을 생각이다	낳지 않을 생각이다	생각해본 적 없다	아직 결정하지 못했다	전체	
전체	20.3	45.9	11.4	22.4	100.0	(2,500)
성별 (x^2=105.424***)						
남성	18.5	39.7	17.1	24.6	100.0	(1,278)
여성	22.1	52.4	5.5	20.0	100.0	(1,222)
연령 (x^2=541.921***)						
20~24세	35.8	16.7	16.3	31.3	100.0	(246)
25~29세	40.0	22.1	11.8	26.2	100.0	(458)

구분	낳을 생각이다	낳지 않을 생각이다	생각해본 적 없다	아직 결정하지 못했다	전체	
30~34세	30.0	30.8	10.4	28.8	100.0	(347)
35~39세	17.9	47.7	8.9	25.5	100.0	(436)
40~44세	7.4	62.6	10.7	19.3	100.0	(431)
45~49세	3.8	72.3	12.2	11.7	100.0	(582)
지역 (x^2=5.428)						
대도시	22.0	42.8	11.5	23.7	100.0	(477)
대도시의 외곽/교외	21.7	44.8	11.2	22.3	100.0	(614)
중소도시	18.8	47.8	11.6	21.8	100.0	(1,176)
농어촌지역	20.6	45.9	10.7	22.7	100.0	(233)
학력 (x^2=30.567***)						
고졸 이하	15.6	47.4	15.1	21.9	100.0	(794)
대학 재학 및 졸업	22.9	45.1	9.7	22.3	100.0	(1,612)
대학원 재학 및 졸업	14.9	47.9	10.6	26.6	100.0	(94)
혼인상태 (x^2=294.719***)						
미혼	16.7	34.4	18.0	30.9	100.0	(1,027)
동거/사실혼	37.4	32.0	10.1	20.5	100.0	(337)
법률혼	19.8	59.7	5.9	14.6	100.0	(1,008)
이혼/별거/사별	7.0	66.4	6.3	20.3	100.0	(128)
자녀 유무 (x^2=168.360***)						
유	18.3	60.1	7.4	14.2	100.0	(1,074)
무	21.7	35.3	14.4	28.5	100.0	(1,426)
경제활동상태 (x^2=5.279)						
취업 중	21.2	45.4	11.0	22.4	100.0	(1,925)
미취업 중	17.2	47.7	12.9	22.3	100.0	(575)
가구소득 (x^2=66.393***)						
20만엔 미만	17.3	37.3	18.3	27.1	100.0	(601)
20만엔 이상~30만엔 미만	20.7	45.9	9.3	24.1	100.0	(610)
30만엔 이상~40만엔 미만	20.7	52.6	8.6	18.1	100.0	(464)
40만엔 이상~50만엔 미만	22.0	50.5	8.9	18.5	100.0	(372)
50만엔 이상	21.9	46.8	10.2	21.2	100.0	(453)

주: 1) *p<0.05, **p<0.01, ***p<0.001
   2) 5보다 작은 기대빈도를 갖는 셀이 20% 이상인 경우 x^2값을 제시하지 않음.
   3) 각 항목의 수치(비율)는 소수 둘째 자리에서 반올림하였음.

결혼 및 출산 의향은 성별, 연령, 학력 등 기본적인 인구통계학적 특성 외에도 다양한 요인과 연관성이 있을 수 있다. 이에, 〈표 6-3〉~〈표 6-6〉에 더하여 자녀 출산이 삶에 미칠 수 있는 영향에 대한 인식, 일과 가사 및 육아 병행의 어려움, 돌봄에 대한 인식, 그리고 인구정책에 대한 인지도가 결혼 및 출산 의향과 어떤 관련성이 있는지 추가적으로 살펴보고자 한다.

먼저, 자녀 출산이 삶에 미칠 수 있는 영향에 대한 인식과 결혼 의향 간 연관성을 살펴보았다. 자녀 출산으로 인해 원하는 것을 자유롭게 얻을 수 있는 가능성이 낮아진다는 데 더 동의할수록 결혼 의향이 낮은(결혼할 생각이 없는) 것으로 나타났다. 또한, 자녀 출산으로 인해 삶에서 얻는 기쁨과 만족이 커진다는 데 더 동의할수록, 배우자와의 친밀감이 높아진다는데 동의할수록 결혼 의향이 높은 것으로 나타났다. 반면, 나와 배우자의 일할 수 있는 기회, 노년기에 받을 수 있는 보살핌과 안정감, 경제적 부담과는 일관된 연관성을 확인할 수 없었다.

〈표 6-7〉 자녀 출산 시 삶의 영향력에 따른 결혼 의향

(단위: %, 명)

구분		결혼할 생각이 있다	결혼할 생각이 없다	생각해본 적 없다	아직 결정하지 못했다	전체	
전체		32.0	25.2	15.4	27.4	100.0	(1,492)
원하는 것을 자유롭게 얻을 수 있는 가능성이 낮아진다	전혀 동의하지 않는다	10.8	16.2	37.8	35.1	100.0	(37)
	동의하지 않는다	36.8	19.1	22.1	22.1	100.0	(68)
	보통이다	28.1	21.7	15.6	34.5	100.0	(423)
	동의한다	36.7	23.5	14.1	25.7	100.0	(588)
	전적으로 동의한다	30.1	33.8	13.8	22.3	100.0	(376)
삶에서 얻는 기쁨과 만족이 커진다	전혀 동의하지 않는다	11.3	34.0	24.5	30.2	100.0	(53)
	동의하지 않는다	20.2	41.5	26.6	11.7	100.0	(94)
	보통이다	21.4	25.4	19.3	33.8	100.0	(574)
	동의한다	38.3	21.7	12.4	27.6	100.0	(507)
	전적으로 동의한다	51.1	23.9	6.8	18.2	100.0	(264)
나의 일할 수 있는 기회가 줄어든다	전혀 동의하지 않는다	26.9	33.3	18.3	21.5	100.0	(93)
	동의하지 않는다	40.5	21.0	11.9	26.7	100.0	(210)
	보통이다	27.0	25.4	17.2	30.4	100.0	(662)
	동의한다	35.1	23.5	14.2	27.3	100.0	(388)
	전적으로 동의한다	37.4	30.2	13.7	18.7	100.0	(139)

구분		결혼할 생각이 있다	결혼할 생각이 없다	생각해본 적 없다	아직 결정하지 못했다	전체	
배우자의 일할 수 있는 기회가 줄어든다	전혀 동의하지 않는다	30.9	28.2	17.3	23.6	100.0	(110)
	동의하지 않는다	43.1	22.9	9.6	24.3	100.0	(218)
	보통이다	27.0	25.3	15.8	31.9	100.0	(689)
	동의한다	34.1	22.4	18.8	24.7	100.0	(361)
	전적으로 동의한다	35.1	35.1	11.4	18.4	100.0	(114)
노년기에 받을 수 있는 보살핌과 안정감이 커진다	전혀 동의하지 않는다	18.3	32.4	26.8	22.5	100.0	(71)
	동의하지 않는다	34.0	29.3	14.0	22.7	100.0	(150)
	보통이다	26.8	25.8	16.3	31.1	100.0	(736)
	동의한다	41.5	20.9	13.7	23.9	100.0	(422)
	전적으로 동의한다	36.3	27.4	10.6	25.7	100.0	(113)
배우자와의 친밀감이 높아진다	전혀 동의하지 않는다	11.1	33.3	23.8	31.7	100.0	(63)
	동의하지 않는다	29.0	38.0	18.0	15.0	100.0	(100)
	보통이다	23.2	27.3	17.3	32.2	100.0	(721)
	동의한다	43.6	18.5	12.3	25.6	100.0	(454)
	전적으로 동의한다	49.4	23.4	10.4	16.9	100.0	(154)
경제적 부담이 늘어난다	전혀 동의하지 않는다	24.2	21.2	24.2	30.3	100.0	(33)
	동의하지 않는다	31.1	24.4	28.9	15.6	100.0	(45)
	보통이다	24.8	21.1	18.0	36.1	100.0	(355)
	동의한다	37.6	22.9	13.0	26.6	100.0	(516)
	전적으로 동의한다	31.9	30.4	14.4	23.4	100.0	(543)

주: 각 항목의 수치(비율)는 소수 둘째 자리에서 반올림하였음.

〈표 6-7〉에 제시한 동일한 요인들과 출산 의향 간 연관성을 〈표 6-8〉에서 추가적으로 살펴보았으며, 결혼 의향과의 연관성과 매우 유사한 결과를 확인하였다. 자녀 출산으로 인해 원하는 것을 자유롭게 얻을 수 있는 가능성이 낮아진다는 데 더 동의할수록 출산 의향이 낮고, 자녀 출산으로 인해 삶에서 얻는 기쁨과 만족이 커진다는 데 더 동의할수록, 배우자와의 친밀감이 높아진다는 데 동의할수록 출산 의향이 높은 것으로 나타났다.

〈표 6-8〉 자녀 출산 시 삶의 영향력에 따른 출산 의향

(단위: %, 명)

구분		낳을 생각이다	낳지 않을 생각이다	생각해본 적 없다	아직 결정하지 못했다	전체	
전체		20.3	45.9	11.4	22.4	100.0	(2,500)
원하는 것을 자유롭게 얻을 수 있는 가능성이 낮아진다	전혀 동의하지 않는다	12.7	32.7	23.6	30.9	100.0	(55)
	동의하지 않는다	26.8	44.9	13.4	15.0	100.0	(127)
	보통이다	17.7	39.8	11.9	30.6	100.0	(716)
	동의한다	23.4	44.1	11.4	21.1	100.0	(1,036)
	전적으로 동의한다	17.1	58.5	9.4	15.0	100.0	(566)
삶에서 얻는 기쁨과 만족이 커진다	전혀 동의하지 않는다	7.6	53.0	18.2	21.2	100.0	(66)
	동의하지 않는다	22.1	48.3	16.8	12.8	100.0	(149)
	보통이다	11.2	44.4	15.5	28.9	100.0	(847)
	동의한다	23.2	46.3	8.8	21.7	100.0	(921)
	전적으로 동의한다	30.9	46.2	7.2	15.7	100.0	(517)
나의 일할 수 있는 기회가 줄어든다	전혀 동의하지 않는다	18.1	42.8	18.8	20.3	100.0	(138)
	동의하지 않는다	22.0	43.5	10.3	24.2	100.0	(359)
	보통이다	17.1	42.9	13.5	26.5	100.0	(1,062)
	동의한다	24.3	48.7	7.8	19.2	100.0	(707)
	전적으로 동의한다	20.9	56.8	10.7	11.5	100.0	(234)
배우자의 일할 수 있는 기회가 줄어든다	전혀 동의하지 않는다	17.3	57.3	9.3	16.0	100.0	(225)
	동의하지 않는다	26.8	47.6	6.1	19.5	100.0	(473)
	보통이다	17.2	43.4	12.3	27.0	100.0	(1,045)
	동의한다	20.7	44.4	14.2	20.7	100.0	(590)
	전적으로 동의한다	23.4	46.7	13.8	16.2	100.0	(167)
노년기에 받을 수 있는 보살핌과 안정감이 커진다	전혀 동의하지 않는다	7.3	58.7	15.6	18.3	100.0	(109)
	동의하지 않는다	24.2	48.8	9.6	17.4	100.0	(293)
	보통이다	17.3	46.0	11.3	25.4	100.0	(1,256)
	동의한다	25.6	41.9	11.7	20.8	100.0	(673)
	전적으로 동의한다	23.1	47.9	11.8	17.2	100.0	(169)
배우자와의 친밀감이 높아진다	전혀 동의하지 않는다	7.8	53.3	11.1	27.8	100.0	(90)
	동의하지 않는다	14.7	56.5	11.9	16.9	100.0	(177)
	보통이다	13.3	50.3	12.2	24.1	100.0	(1,193)
	동의한다	28.9	39.2	9.9	22.0	100.0	(799)
	전적으로 동의한다	34.9	36.1	12.4	16.6	100.0	(241)
경제적 부담이 늘어난다	전혀 동의하지 않는다	12.8	30.8	23.1	33.3	100.0	(39)
	동의하지 않는다	31.3	38.8	16.4	13.4	100.0	(67)
	보통이다	16.7	39.1	14.2	30.0	100.0	(563)
	동의한다	23.2	45.9	9.9	20.9	100.0	(955)
	전적으로 동의한다	18.8	51.6	10.4	19.2	100.0	(876)

주: 각 항목의 수치(비율)는 소수 둘째 자리에서 반올림하였음.

다음으로 〈표 6-9〉에는 일과 가사 및 육아 병행의 어려움에 대한 인식에 따른 자녀 출산 의향을 제시하였다. 일과 가사 및 육아를 병행하는 것이 어렵다고 느낄수록 자녀 출산 의향이 낮게 나타났다. 구체적으로 살펴보면, 자녀를 낳을 생각이라고 응답한 비율은 일과 가사 및 육아 병행의 어려움에 대해 전혀 어렵지 않다고 응답한 경우 44.4%, 매우 어렵다고 응답한 경우 20.8%로 나타났다. 이와 반대로 낳지 않을 생각이라고 응답한 비율은 일과 가사 및 육아 병행의 어려움에 대해 전혀 어렵지 않다고 응답한 경우 33.3%, 매우 어렵다고 응답한 경우 54.8%로 나타났다.

〈표 6-9〉 일과 가사 및 육아 병행의 어려움에 대한 인식에 따른 출산 의향

(단위: %, 명)

구분	낳을 생각이다	낳지 않을 생각이다	생각해본 적 없다	아직 결정하지 못했다	전체	
전체	24.2	52.8	6.9	16.1	100.0	(1,345)
전혀 어렵지 않다	44.4	33.3	5.6	16.7	100.0	(36)
어렵지 않은 편이다	31.4	47.8	7.5	13.2	100.0	(159)
보통이다	20.6	52.9	9.0	17.5	100.0	(399)
어려운 편이다	24.7	54.7	5.6	15.0	100.0	(554)
매우 어렵다	20.8	54.8	6.1	18.3	100.0	(197)

주: 각 항목의 수치(비율)는 소수 둘째 자리에서 반올림하였음.

〈표 6-10〉과 〈표 6-11〉에서는 돌봄에 대한 견해에 따라 결혼 및 출산 의향이 어떻게 다른지 살펴보았다. 먼저, 미취학 아동과 방과 후 시간 중 취학 아동에 대한 돌봄에 대한 견해에 따른 결혼 의향을 〈표 6-10〉에 제시하였는데, 돌봄에 대한 견해와 결혼 의향 간 뚜렷한 연관성은 확인되지 않았다.

〈표 6-10〉 돌봄에 대한 견해에 따른 결혼 의향

(단위: %, 명)

구분		결혼할 생각이 있다	결혼할 생각이 없다	생각해본 적 없다	아직 결정하지 못했다	전체	
전체		32.0	25.2	15.4	27.4	100.0	(1,492)
미취학 아동에 대한 돌봄	주로 사회가 해야 할 일	30.8	23.1	7.7	38.5	100.0	(26)
	가족보다는 사회가 해야 할 일	27.0	16.2	32.4	24.3	100.0	(37)
	사회와 가족 모두가 해야 할 일	30.5	25.5	14.7	29.3	100.0	(958)
	사회보다는 가족이 해야 할 일	37.4	23.7	15.9	23.0	100.0	(270)
	주로 가족이 해야 할 일	32.8	27.9	15.9	23.4	100.0	(201)
방과 후 시간 중 취학 아동에 대한 돌봄	주로 사회가 해야 할 일	20.8	33.3	12.5	33.3	100.0	(24)
	가족보다는 사회가 해야 할 일	32.9	23.5	17.6	25.9	100.0	(85)
	사회와 가족 모두가 해야 할 일	30.1	26.3	15.2	28.5	100.0	(1,047)
	사회보다는 가족이 해야 할 일	39.3	20.5	15.6	24.6	100.0	(224)
	주로 가족이 해야 할 일	36.6	24.1	16.1	23.2	100.0	(112)

주: 각 항목의 수치(비율)는 소수 둘째 자리에서 반올림하였음.

〈표 6-11〉에는 미취학 아동과 방과 후 시간 중 취학 아동에 대한 돌봄에 대한 견해에 따른 출산 의향을 제시하였다. 자녀를 낳을 생각이라고 응답한 비율은 돌봄에 대한 견해와의 뚜렷한 연관성이 나타나지 않았으나, 자녀를 낳지 않을 생각이라고 응답한 비율은 가족의 역할을 중요하게 생각할수록 높은 경향성이 나타났다.

〈표 6-11〉 돌봄에 대한 견해에 따른 출산 의향

(단위: %, 명)

구분		낳을 생각이다	낳지 않을 생각이다	생각해본 적 없다	아직 결정하지 못했다	전체	
전체		20.3	45.9	11.4	22.4	100.0	(2,500)
미취학 아동에 대한 돌봄	주로 사회가 해야 할 일	20.6	26.5	17.6	35.3	100.0	(34)
	가족보다는 사회가 해야 할 일	31.3	35.8	19.4	13.4	100.0	(67)
	사회와 가족 모두가 해야 할 일	19.3	45.4	11.8	23.6	100.0	(1,573)
	사회보다는 가족이 해야 할 일	22.2	46.8	10.3	20.7	100.0	(487)
	주로 가족이 해야 할 일	20.1	51.0	9.4	19.5	100.0	(339)

제6장 결혼·출산·육아에 관한 인식 조사

구분		낳을 생각이다	낳지 않을 생각이다	생각해본 적 없다	아직 결정하지 못했다	전체	
방과 후 시간 중 취학 아동에 대한 돌봄	주로 사회가 해야 할 일	11.9	38.1	16.7	33.3	100.0	(42)
	가족보다는 사회가 해야 할 일	23.2	43.5	13.0	20.3	100.0	(138)
	사회와 가족 모두가 해야 할 일	19.2	46.7	11.0	23.1	100.0	(1,757)
	사회보다는 가족이 해야 할 일	24.3	42.2	11.9	21.6	100.0	(379)
	주로 가족이 해야 할 일	22.3	50.0	12.0	15.8	100.0	(184)

주: 각 항목의 수치(비율)는 소수 둘째 자리에서 반올림하였음.

추가적으로, 결혼 및 출산 의향이 인구정책에 대한 인지도에 따라 어떻게 다른지 살펴보았다. 결혼 의향을 제시한 〈표 6-12〉에 따르면 인구정책에 대한 인지도와 결혼 의향은 양의 관계가 있는 것으로 나타났다. 결혼할 생각이 있다고 응답한 비율은 대체적으로 각 인구정책을 알고 있다고 응답한 경우에 더 높은 경향성을 보였으며, 반대로 결혼할 생각이 없다고 응답한 비율은 각 인구정책을 전혀 모른다고 응답한 경우에 더 낮은 경향성을 보였다.47)

표로 제시하지는 않았으나, 출산 의향에서도 이와 비슷한 양상이 나타났다. 인구정책에 대해 인지하고 있는 경우 출산할 의향이 있다고 응답한 비율이 전반적으로 높게 나타났다.

〈표 6-12〉 인구정책에 대한 인지도에 따른 결혼 의향

(단위: %, 명)

구분	결혼할 생각이 있다	결혼할 생각이 없다	생각해본 적 없다	아직 결정하지 못했다	전체	
전체	32.0	25.2	15.4	27.4	100.0	(1,492)

47) 다만 동 결과는 인과관계가 아닌 상관관계로 해석할 수 있다. 예컨대, 〈표 6-12〉를 '결혼할 생각이 있어서 인구정책에 대한 인지도가 상승했다' 또는 '인구정책에 대한 높은 인지도를 바탕으로 결혼을 결심했다'와 같이 방향성을 기반으로 해석하는 것은 바람직하지 않다. 인과관계를 파악하기 위해서는 향후 회귀분석 등이 추가적으로 수행될 필요가 있다.

구분		결혼할 생각이 있다	결혼할 생각이 없다	생각해본 적 없다	아직 결정하지 못했다	전체	
임신, 출산 지원 (의료보험 등)	전혀 모른다	23.9	29.3	22.0	24.9	100.0	(205)
	거의 모른다	30.6	24.3	15.2	29.9	100.0	(441)
	조금 안다	33.3	25.3	13.9	27.5	100.0	(697)
	상당히 안다	41.4	22.4	14.7	21.6	100.0	(116)
	매우 잘 안다	39.4	21.2	12.1	27.3	100.0	(33)
출산 수당 또는 물품(출산장려금 등)	전혀 모른다	24.0	31.8	19.3	24.9	100.0	(233)
	거의 모른다	30.9	25.0	15.8	28.3	100.0	(512)
	조금 안다	32.9	23.7	14.0	29.3	100.0	(607)
	상당히 안다	47.4	21.1	14.0	17.5	100.0	(114)
	매우 잘 안다	34.6	23.1	11.5	30.8	100.0	(26)
출산 및 육아 휴직제도	전혀 모른다	20.4	31.5	21.5	26.5	100.0	(181)
	거의 모른다	27.2	25.8	17.1	29.9	100.0	(368)
	조금 안다	33.8	23.9	13.7	28.6	100.0	(737)
	상당히 안다	46.9	22.5	11.3	19.4	100.0	(160)
	매우 잘 안다	34.8	26.1	19.6	19.6	100.0	(46)
어린이집 지원(보육시설 확충, 보육료 지원 등)	전혀 모른다	21.9	32.9	19.5	25.7	100.0	(210)
	거의 모른다	29.8	23.4	16.2	30.6	100.0	(500)
	조금 안다	34.9	24.5	14.0	26.6	100.0	(591)
	상당히 안다	40.9	24.5	12.6	22.0	100.0	(159)
	매우 잘 안다	34.4	18.8	15.6	31.3	100.0	(32)
자녀에 대한 수당 (아동수당, 가족수당 등)	전혀 모른다	21.1	30.6	23.9	24.4	100.0	(180)
	거의 모른다	29.4	23.1	15.2	32.3	100.0	(402)
	조금 안다	33.8	25.2	13.7	27.3	100.0	(678)
	상당히 안다	41.0	24.5	14.9	19.7	100.0	(188)
	매우 잘 안다	34.1	25.0	11.4	29.5	100.0	(44)
세금을 통한 지원(세금 경감)	전혀 모른다	23.5	30.8	20.9	24.8	100.0	(234)
	거의 모른다	31.5	23.4	16.0	29.2	100.0	(518)
	조금 안다	33.6	26.1	12.9	27.4	100.0	(574)
	상당히 안다	42.2	18.5	16.3	23.0	100.0	(135)
	매우 잘 안다	29.0	25.8	6.5	38.7	100.0	(31)
다자녀가구 추가 지원	전혀 모른다	23.6	33.8	16.6	25.9	100.0	(343)
	거의 모른다	34.4	23.8	15.0	26.8	100.0	(555)
	조금 안다	32.5	22.7	14.2	30.6	100.0	(471)
	상당히 안다	46.6	16.5	17.5	19.4	100.0	(103)
	매우 잘 안다	20.0	20.0	25.0	35.0	100.0	(20)
지역 인구 균형을 위한 정책	전혀 모른다	26.0	33.5	16.6	23.8	100.0	(361)
	거의 모른다	33.1	24.4	13.8	28.7	100.0	(607)
	조금 안다	33.3	21.0	15.6	30.1	100.0	(409)
	상당히 안다	41.4	17.2	19.5	21.8	100.0	(87)
	매우 잘 안다	35.7	21.4	17.9	25.0	100.0	(28)

주: 각 항목의 수치(비율)는 소수 둘째 자리에서 반올림하였음.

〈표 6-13〉에서는 계획 자녀 수, 이상적이라고 생각하는 자녀 수를 살펴보았다. 일본 조사 대상자들의 계획 자녀 수는 평균 1.96명으로, 한국에 비하여 0.22명 높은 것으로 나타났다. 반면, 이상적이라고 생각하는 자녀 수는 일본과 한국 모두 1.5~1.6명 수준으로 유사하게 나타났다.

〈표 6-13〉 계획하고 있는 자녀 수 및 이상적 자녀 수

(단위: %, 명)

구분	계획 자녀 수		이상적 자녀 수	
	평균	사례	평균	사례
일본	1.96	(507)	1.53	(2,500)
한국	1.74	(780)	1.58	(2,500)

주: 계획 자녀 수는 향후 자녀를 낳을 의향이 있다고 응답한 조사 대상자, 이상적 자녀 수는 모든 조사 대상자의 응답을 포함하였음.

또한, 계획 자녀 수는 연령이 낮을수록, 미혼인 경우 높은 경향성이 확인되었으며, 이상적 자녀 수는 여성, 연령이 낮을수록, 동거/사실혼 및 법률혼, 유자녀인 경우 높은 경향성이 확인되었다.

〈표 6-14〉 조사 대상자의 특성별 계획하고 있는 자녀 수 및 이상적 자녀 수

(단위: %, 명)

구분	계획 자녀 수		이상적 자녀 수	
	평균	사례	평균	사례
전체	1.96	(507)	1.53	(2,500)
성별 (t=-0.927)				
남성	1.93	(237)	1.45	(1,278)
여성	1.99	(270)	1.62	(1,222)
연령 (F=3.908**)				
20~24세	2.14	(88)	1.64	(246)
25~29세	2.03	(183)	1.62	(458)
30~34세	1.91	(104)	1.56	(347)
35~39세	1.78	(78)	1.58	(436)
40~44세	1.91	(32)	1.46	(431)
45~49세	1.64	(22)	1.43	(582)

구분	계획 자녀 수		이상적 자녀 수	
	평균	사례	평균	사례
지역 (F=2.385)				
대도시	1.90	(105)	1.42	(477)
대도시의 외곽/교외	1.86	(133)	1.49	(614)
중소도시	2.03	(221)	1.58	(1,176)
농어촌지역	2.06	(48)	1.66	(233)
학력 (F=0.287)				
고졸 이하	2.00	(124)	1.42	(794)
대학 재학 및 졸업	1.95	(369)	1.59	(1,612)
대학원 재학 및 졸업	2.00	(14)	1.43	(94)
혼인상태 (F=4.407**)				
미혼	2.08	(172)	1.28	(1,027)
동거/사실혼	2.01	(126)	1.63	(337)
법률혼	1.84	(200)	1.78	(1,008)
이혼/별거/사별	1.78	(9)	1.34	(128)
자녀 유무 (t=-0.585)				
유	1.94	(197)	1.83	(1,074)
무	1.98	(310)	1.31	(1,426)
경제활동상태 (t=-1.601)				
취업 중	1.94	(408)	1.56	(1,925)
미취업 중	2.06	(99)	1.44	(575)
가구소득 (F=1.838)				
20만엔 미만	2.04	(104)	1.29	(601)
20만엔 이상~30만엔 미만	2.04	(126)	1.55	(610)
30만엔 이상~40만엔 미만	1.89	(96)	1.66	(464)
40만엔 이상~50만엔 미만	1.83	(82)	1.63	(372)
50만엔 이상	1.97	(99)	1.62	(453)

주: 1) *p<0.05, **p<0.01, ***p<0.001
　　2) 각 항목의 수치(비율)는 소수 둘째 자리에서 반올림하였음.

〈표 6-15〉에는 가족(자녀 출산) 계획 시 고려할 수 있는 요인들의 중요도를 제시하였다. 일본 조사 대상자들은 가족계획 시 본인의 건강(81.4%), 배우자의 건강(80.9%), 가정의 경제적 여건(77.8%) 순으로 중요(중요하다+매우 중요하다)하다고 응답하였다. 반면, 경력 단절의 가능성(39.5%), 주거 여건(57.3%), 보육/양육 서비스 이용 가능성(65.2%)을 중요하다고 응답한 비율은 상대적으로 낮았다.

일본에 비하여 한국의 조사 대상자들이 〈표 6-9〉에 명시된 모든 요인들을 상대적으로 더 중요하게 생각하고 있으며, 특히 경력 단절의 가능성에 대한 중요도 차이(32.7%p)가 양국 간 가장 큰 것으로 확인되었다.

〈표 6-15〉 가족(자녀 출산)계획 시 중요도

(단위: %, 명)

구분		전혀 중요하지 않다	중요하지 않다	보통이다	중요하다	매우 중요하다	전체
가정의 경제적 여건	일본	3.6	2.5	16.0	33.0	44.8	100.0 (2,500)
	한국	0.1	0.6	5.0	31.8	62.5	100.0 (2,500)
본인의 건강	일본	1.9	1.6	15.1	36.0	45.4	100.0 (2,500)
	한국	0.0	0.2	4.5	35.8	59.5	100.0 (2,500)
배우자의 건강	일본	1.8	1.7	15.6	33.8	47.1	100.0 (2,500)
	한국	0.0	0.2	4.4	35.0	60.4	100.0 (2,500)
본인의 취업 상태	일본	1.7	3.6	24.5	36.2	34.0	100.0 (2,500)
	한국	0.2	1.4	11.0	35.9	51.6	100.0 (2,500)
배우자의 취업 상태	일본	2.5	4.0	27.2	29.8	36.6	100.0 (2,500)
	한국	0.7	2.7	16.1	32.6	47.8	100.0 (2,500)
주거 여건	일본	1.8	4.4	36.5	39.4	17.9	100.0 (2,500)
	한국	0.1	0.3	9.2	43.8	46.6	100.0 (2,500)
일-생활 균형	일본	1.6	1.9	21.7	44.4	30.4	100.0 (2,500)
	한국	0.0	0.9	9.4	42.7	46.9	100.0 (2,500)
경력 단절의 가능성	일본	4.8	10.8	44.9	27.0	12.5	100.0 (2,500)
	한국	0.7	3.7	23.3	41.8	30.4	100.0 (2,500)
보육/양육 서비스 이용 가능성	일본	2.3	3.2	29.3	41.3	23.9	100.0 (2,500)
	한국	0.3	1.8	14.6	45.0	38.3	100.0 (2,500)
정부의 충분한 지원	일본	1.7	2.7	28.0	37.4	30.2	100.0 (2,500)
	한국	0.4	1.4	13.8	37.9	46.6	100.0 (2,500)
미래에 대한 불안과 염려, 불확실성	일본	1.7	1.9	27.2	38.8	30.5	100.0 (2,500)
	한국	0.2	0.9	12.2	36.5	50.1	100.0 (2,500)

주: 각 항목의 수치(비율)는 소수 둘째 자리에서 반올림하였음.

다음으로는, 자녀를 갖게 되면 삶의 다양한 측면에 어떤 영향이 있을 것이라고 생각하는지 살펴보았다. 〈표 6-16〉에 따르면 일본 조사 대상자들이 원하는 것을 자유롭게 할 수 있는 가능성이 낮아진다는 데 동의(동의한다+전적으로 동의한다)하는 비율은 64.0%, 삶에서 얻는 기쁨과 만족이 커진다는 데 동의하는 비율은 57.5%, 나(배우자)의 일할 수 있는 기회가 줄어든다는 데 동의하는 비율은 37.7%(30.3%) 등으로 나타났다. 표로 제시하지는 않았으나, 구체적으로 살펴보면 원하는 것을 자유롭게 할 수 있는 가능성이 낮아진다는 데 동의하는 비율은 여성, 대학 재학 및 졸업자의 경우에 상대적으로 높고, 나의 일할 수 있는 기회가 줄어든다는 데 동의하는 비율은 여성에게서, 배우자의 일할 수 있는 기회가 줄어든다는 데 동의하는 비율은 남성, 취업자에게서 상대적으로 높은 것으로 확인되었다.

또한, 한국 조사 대상자들은 일본에 비하여 원하는 것을 자유롭게 할 수 있는 가능성이 낮아진다, 나(배우자)의 일할 수 있는 기회가 줄어든다, 경제적 부담이 늘어난다는 데 동의하는 비율이 상대적으로 높지만 이와 동시에 삶에서 얻는 기쁨과 만족이 커진다는 데 동의하는 비율도 높은 것으로 확인되었다.

〈표 6-16〉 자녀 출산 시 삶의 영향력

(단위: %, 명)

구분		전혀 동의하지 않는다	동의하지 않는다	보통이다	동의한다	전적으로 동의한다	전체
원하는 것을 자유롭게 할 수 있는 가능성이 낮아진다	일본	2.2	5.1	28.6	41.4	22.6	100.0 (2,500)
	한국	0.5	2.4	11.8	48.0	37.4	100.0 (2,500)
삶에서 얻는 기쁨과 만족이 커진다	일본	2.6	6.0	33.9	36.8	20.7	100.0 (2,500)
	한국	1.0	3.1	21.6	45.7	28.6	100.0 (2,500)
나의 일할 수 있는 기회가 줄어든다	일본	5.5	14.4	42.5	28.3	9.4	100.0 (2,500)
	한국	2.3	10.8	24.9	39.5	22.5	100.0 (2,500)
배우자의 일할 수 있는 기회가 줄어든다	일본	9.0	18.9	41.8	23.6	6.7	100.0 (2,500)
	한국	4.8	15.8	28.0	37.1	14.3	100.0 (2,500)
노년기에 받을 수 있는 보살핌과 안정감이 커진다	일본	4.4	11.7	50.2	26.9	6.8	100.0 (2,500)
	한국	7.6	20.8	36.8	26.8	8.0	100.0 (2,500)
배우자와의 친밀감이 높아진다	일본	3.6	7.1	47.7	32.0	9.6	100.0 (2,500)
	한국	3.1	8.7	35.5	39.8	12.9	100.0 (2,500)
경제적 부담이 늘어난다	일본	1.6	2.7	22.5	38.2	35.0	100.0 (2,500)
	한국	0.3	0.6	6.4	32.8	59.9	100.0 (2,500)

주: 각 항목의 수치(비율)는 소수 둘째 자리에서 반올림하였음.

제6장 결혼·출산·육아에 관한 인식 조사 157

저출산의 원인 중 하나로 육아 및 가사 노동 등에 대한 여성의 과도한 부담이 언급되는 경우가 있으며, 특히 과거에 남성 중심의 가부장적 문화가 만연했던 한국, 일본 등 아시아 국가들의 저출산 현상의 주요 요인으로 지적되기도 한다. 이와 관련하여 〈표 6-17〉에서는 남성과 여성의 역할 수행에 대한 인식을 살펴보았다.

일본 조사 대상자들 중 가족의 생계를 위해 일하면서 돈을 버는 일을 남성의 역할(확실히 남성+대체로 남성)이라고 응답한 비율은 32.4%, 여성의 역할(대체로 여성+확실히 여성)이라고 응답한 비율은 4.4%로 나타났다. 음식 준비, 청소, 빨래 등 일상적 가사일은 남성의 역할 2.7%, 여성의 역할 24.7%, 어린 자녀를 돌보는 일은 남성의 역할 2.2%, 여성의 역할 23.2%라고 응답하였다. 한국에서도 이와 유사한 양상이 확인되었다.

한편, 〈표 6-17〉은 남성과 여성 중 실제로 누가 역할을 수행하고 있는지가 아닌 누가 수행하는 것이 좋다고 생각하는지에 관한 응답을 보여 주고 있다. 응답의 양상은 일본 조사 대상자의 성별에 따라 크게 달라지지 않으며, 특히 음식 준비, 청소, 빨래 등 일상적 가사일과 어린 자녀를 돌보는 일을 여성이 수행하는 것이 좋다고 응답한 비율은 오히려 여성에게서 높게 나타나기도 하였다.

〈표 6-17〉 남성과 여성의 역할 수행에 대한 인식

(단위: %, 명)

구분		확실히 남성	대체로 남성	남성과 여성 모두	대체로 여성	확실히 여성	전체
가족의 생계를 위해 일하면서 돈을 버는 일	일본	9.4	23.0	63.2	3.2	1.2	100.0 (2,500)
	한국	6.4	23.4	67.6	1.8	0.8	100.0 (2,500)
음식준비, 청소, 빨래 등 일상적 가사일	일본	1.0	1.7	72.6	20.2	4.5	100.0 (2,500)
	한국	0.2	0.9	76.1	19.6	3.2	100.0 (2,500)
어린 자녀를 돌보는 일	일본	0.7	1.5	74.5	19.3	3.9	100.0 (2,500)
	한국	0.3	1.0	77.4	18.0	3.4	100.0 (2,500)

주: 각 항목의 수치(비율)는 소수 둘째 자리에서 반올림하였음.

제3절 가사 및 자녀 육아 분담에 대한 인식

제3절에서는 가사 및 자녀 육아 분담에 대한 인식을 살펴본다. 〈표 6-18〉에는 가사와 육아의 실제 분담 비율과 적절하다고 생각하는 분담 비율을 제시하였다. 가사와 육아를 상대방과 절반씩 분담(본인 50%, 상대 50%)한다고 인식하는 비율은 각각 18.8%, 22.7%에 그쳤다. 본인이 더 많이 부담(60~100%)한다고 느끼는 비율은 각각 51.7%, 48.3%, 더 적게 부담(0~40%)한다고 느끼는 비율은 각각 29.5%, 29.1%로 나타났다. 반면, 적절한 분담 비율을 절반씩 분담하는 것이라고 응답한 비율은 34.7%, 36.7%로 실제보다 높았다. 또한, 본인이 더 많이 부담하는 것이라고 응답한 비율은 각각 43.6%, 39.6%, 더 적게 부담하는 것이라고 응답한 비율은 각각 21.7%, 23.8%로 실제보다 낮게 나타났다. 이를 통해 일본 조사 대상자들이 본인의 실제 부담 비율과 무관하게 상대방과 절반씩 부담하기를 희망하는 경우가 적지 않음을 알 수 있다. 이상의 내용은 한국 조사 대상자들에게서도 유사한 것으로 나타났다.

〈표 6-18〉 가사분담, 육아분담 비율(실제 및 적절)

(단위: %, 명)

구분	가사				육아			
	실제 분담 비율		적절한 분담 비율		실제 분담 비율		적절한 분담 비율	
	일본	한국	일본	한국	일본	한국	일본	한국
본인 0%, 상대 100%	0.4	0.2	0.4	0.2	0.1	0.3	0.1	0.1
본인 10%, 상대 90%	4.8	3.1	2.2	1.3	3.9	5.2	2.4	1.5
본인 20%, 상대 80%	5.7	6.3	3.3	3.6	6.5	9.5	4.1	3.7
본인 30%, 상대 70%	11.0	11.4	8.7	8.7	10.6	15.2	7.5	11.7
본인 40%, 상대 60%	7.6	9.8	7.1	11.1	8.0	9.9	9.7	16.1
본인 50%, 상대 50%	18.8	23.7	34.7	43.4	22.7	14.9	36.7	37.4
본인 60%, 상대 40%	7.4	11.3	12.2	15.5	8.1	10.4	13.0	13.9
본인 70%, 상대 30%	11.2	12.7	12.5	7.6	11.0	10.7	11.0	8.6
본인 80%, 상대 20%	14.2	11.0	9.2	4.2	14.1	10.9	8.1	3.4
본인 90%, 상대 10%	13.1	8.0	6.8	3.2	12.5	9.9	5.9	2.5

구분	가사				육아			
	실제 분담 비율		적절한 분담 비율		실제 분담 비율		적절한 분담 비율	
	일본	한국	일본	한국	일본	한국	일본	한국
본인 100%, 상대 0%	5.8	2.5	2.9	1.1	2.6	3.1	1.6	1.0
	(1,345)	(1,430)			(802)	(676)		

주: 1) *p<0.05, **p<0.01, ***p<0.001
2) 각 항목의 수치(비율)는 소수 둘째 자리에서 반올림하였음.

〈표 6-19〉에서는 함께 사는 파트너, 애인 또는 배우자가 있는 조사 대상자가 일과 가사 및 육아를 병행할 때 느끼는 어려움의 정도를 제시하였다. 일본 조사 대상자들 중 55.8%는 일과 가사 및 육아를 병행하는 것이 어렵다(어려운 편이다+매우 어렵다)고 응답하였으며, 29.7%는 보통이다, 14.5%는 어렵지 않다(전혀 어렵지 않다+어렵지 않은 편이다)고 응답했다. 한국 조사 대상자의 응답도 일본과 매우 유사하여, 양국 모두에서 일과 가사 및 육아를 병행할 때 어려움을 느끼는 비율이 과반을 기록하였다.

〈표 6-19〉 일과 가사 및 육아 병행 시 어려움 정도

(단위: %, 명)

구분	전혀 어렵지 않다	어렵지 않은 편이다	보통이다	어려운 편이다	매우 어렵다	전체	
일본	2.7	11.8	29.7	41.2	14.6	100.0	(1,345)
한국	2.5	12.3	27.6	43.5	14.1	100.0	(1,430)

주: 각 항목의 수치(비율)는 소수 둘째 자리에서 반올림하였음.

〈표 6-20〉에서는 일과 가사 및 육아를 병행할 때 느끼는 어려움을 일본 조사 대상자의 특성에 따라 구체적으로 살펴보았다. 어렵다고 응답한 비율은 남성(47.4%)보다 여성(62.7%)에게서 15%p 이상 높았는데, 이는 여성에게 가사 및 육아의 부담이 더 크게 지워진다고 해석될 여지가 있다. 반면, 연령, 학력, 혼인상태, 가구소득 등에 따라서는 일과 가사 및 육아 병행의 어려움에서 유의미한 차이를 확인할 수 없었다.

〈표 6-20〉 조사 대상자의 특성별 일과 가사 및 육아 병행 시 어려움 정도

(단위: %, 명)

구분	전혀 어렵지 않다	어렵지 않은 편이다	보통이다	어려운 편이다	매우 어렵다	전체	
전체	2.7	11.8	29.7	41.2	14.6	100.0	(1,345)
성별 (x^2=47.800***)							
남성	3.7	14.8	34.2	38.7	8.7	100.0	(600)
여성	1.9	9.4	26.0	43.2	19.5	100.0	(745)
연령 (x^2=30.563)							
20~24세	2.4	23.8	16.7	38.1	19.0	100.0	(42)
25~29세	5.3	15.5	27.1	36.7	15.5	100.0	(207)
30~34세	0.5	12.1	27.1	42.2	18.1	100.0	(199)
35~39세	3.0	11.1	27.8	42.6	15.6	100.0	(270)
40~44세	2.2	9.5	34.4	41.8	12.1	100.0	(273)
45~49세	2.5	10.5	31.9	42.1	13.0	100.0	(354)
지역 (x^2=29.378**)							
대도시	5.7	15.0	28.5	35.0	15.9	100.0	(246)
대도시의 외곽/교외	0.3	12.6	28.2	42.9	15.9	100.0	(333)
중소도시	2.8	10.6	29.0	43.3	14.3	100.0	(651)
농어촌지역	2.6	9.6	40.0	37.4	10.4	100.0	(115)
학력 (x^2=8.158)							
고졸 이하	3.8	11.5	31.6	39.9	13.2	100.0	(393)
대학 재학 및 졸업	2.1	12.1	29.0	41.2	15.6	100.0	(903)
대학원 재학 및 졸업	4.1	10.2	26.5	51.0	8.2	100.0	(49)
혼인상태 (x^2=8.974)							
동거/사실혼	4.7	13.4	27.6	39.8	14.5	100.0	(337)
법률혼	2.0	11.3	30.4	41.7	14.7	100.0	(1,008)
자녀 유무 (x^2=10.985*)							
유	2.6	11.4	29.9	43.2	13.0	100.0	(977)
무	3.0	13.0	29.1	35.9	19.0	100.0	(368)
경제활동상태 (x^2=38.055***)							
취업 중	2.8	13.4	31.8	39.9	12.1	100.0	(1,038)
미취업 중	2.3	6.5	22.5	45.6	23.1	100.0	(307)
가구소득 (x^2=18.822)							
20만엔 미만	2.7	14.0	29.3	36.7	17.3	100.0	(150)
20만엔 이상~30만엔 미만	3.7	8.7	30.0	42.0	15.7	100.0	(300)
30만엔 이상~40만엔 미만	1.6	12.2	25.1	46.4	14.7	100.0	(319)
40만엔 이상~50만엔 미만	1.9	12.6	29.4	42.0	14.1	100.0	(269)
50만엔 이상	3.6	12.7	34.5	36.5	12.7	100.0	(307)

주: 1) *p<0.05, **p<0.01, ***p<0.001
    2) 5보다 작은 기대빈도를 갖는 셀이 20% 이상인 경우 x^2값을 제시하지 않음.
    3) 각 항목의 수치(비율)는 소수 둘째 자리에서 반올림하였음.

한편, 돌봄에 대한 견해는 다양할 수 있다. 일부는 돌봄을 주로 사회가 담당해야 할 일이라고 간주할 수 있으며, 다른 일부는 이를 가족의 역할로 간주할 수 있다. 이러한 의견들을 고려하여 〈표 6-21〉에서는 조사 대상자들의 돌봄에 대한 견해를 살펴보았다. 일본 조사 대상자들은 미취학 아동과 방과 후 시간 중 취학 아동에 대한 돌봄에 대해 각각 62.9%와 70.3%가 사회와 가족이 함께 책임져야 한다고 응답하여, 가장 높은 비율을 차지했다. 반면, 돌봄이 사회의 책임(주로 사회가 해야 할 일+가족보다는 사회가 해야 할 일)이라는 의견은 상대적으로 적었으며, 조사 대상자의 특성에 따른 유의미한 응답 차이는 확인되지 않았다.

한편, 한국 조사 대상자들 역시 유사한 경향을 보여 돌봄에 대한 책임을 사회와 가족이 공동으로 분담해야 한다는 인식이 한국과 일본 양국에서 보편적임을 확인하였다.

〈표 6-21〉 돌봄에 대한 인식

(단위: %, 명)

구분		주로 사회가 해야 할 일	가족보다는 사회가 해야 할 일	사회와 가족 모두가 해야 할 일	사회보다는 가족이 해야 할 일	주로 가족이 해야 할 일	전체
미취학 아동에 대한 돌봄	일본	1.4	2.7	62.9	19.5	13.6	100.0 (2,500)
	한국	1.6	3.2	66.4	18.7	10.0	100.0 (2,500)
방과 후 시간 중 취학 아동에 대한 돌봄	일본	1.7	5.5	70.3	15.2	7.4	100.0 (2,500)
	한국	3.7	12.4	66.6	11.8	5.4	100.0 (2,500)

주: 각 항목의 수치(비율)는 소수 둘째 자리에서 반올림하였음.

제4절 인구 변화 및 사회에 대한 인식

제4절에서는 일본 조사 대상자들의 인구 변화 및 사회에 대한 인식을 살펴본다. 먼저, 〈표 6-22〉에는 인구 변화에 대한 전반적 인식을 제시하였다. 최근 출산율을 적당한 수준이라고 생각하지 않는(전혀 동의하지 않는다+동의하지 않는다) 비율은 58.7%이며, 동 비율은 학력이 높을수록, 법률혼인 경우, 자녀가 있는 경우에 높은 경향성이 나타났다. 출산율 감소가 나의 삶 및 미래 세대의 삶에 부정적 영향을 미친다는 데 동의(동의한다+매우 동의한다)하는 비율은 각각 33.8%, 63.6%로, 출산율 감소의 부정적 영향이 현재보다 미래 세대에 더 클 것으로 인식하는 것으로 확인되었다. 동 비율은 법률혼인 경우, 자녀가 있는 경우 동 비율이 상대적으로 높았다. 또한, 정부가 출산율 감소에 대응하기 위해 충분한 노력을 하고 있다는 데 동의하지 않는 비율은 56.8%로 나타났다.

한편, 최근 출산율을 적당한 수준이라고 생각하지 않는 비율과 정부가 출산율 감소에 대응하기 위해 충분한 노력을 하고 있다는 데 동의하지 않는 비율은 일본에 비해 한국에서 각각 약 20%p, 15%p 높은 것으로 나타나는 등 일본에 비해 한국의 조사 대상자들이 최근 출산율 수준의 제고를 위해 정부의 보다 적극적인 노력을 주문하고 있는 것으로 보인다.

〈표 6-22〉 인구 변화에 대한 전반적 인식

(단위: %, 명)

구분		전혀 동의하지 않는다	동의하지 않는다	보통이다	동의한다	매우 동의한다	전체
최근 출산율은 적당한 수준이다	일본	18.7	40.0	31.6	7.9	1.8	100.0 (2,500)
	한국	44.7	34.5	13.0	6.0	1.8	100.0 (2,500)
출산율 감소는 나의 삶에 부정적인 영향을 미친다	일본	7.2	16.8	42.2	25.6	8.2	100.0 (2,500)
	한국	10.3	20.5	33.4	23.9	11.9	100.0 (2,500)

구분		전혀 동의하지 않는다	동의하지 않는다	보통이다	동의한다	매우 동의한다	전체
출산율 감소는 미래 세대의 삶에 부정적인 영향을 미친다	일본	2.3	5.5	28.5	38.2	25.4	100.0 (2,500)
	한국	3.3	5.5	15.6	38.4	37.2	100.0 (2,500)
정부는 출산율 감소에 대응하기 위해 충분한 노력을 하고 있다	일본	30.1	26.7	33.7	7.8	1.7	100.0 (2,500)
	한국	43.5	28.2	20.6	6.3	1.4	100.0 (2,500)

주: 각 항목의 수치(비율)는 소수 둘째 자리에서 반올림하였음.

〈표 6-23〉에서는 사회의 불공정 및 불평등 정도에 대한 인식을 살펴보았다. 일본 조사 대상자 중 일본이 전반적으로 공정한 사회라는 데 동의하지 않는(전혀 동의하지 않는다+동의하지 않는다) 비율은 45.3%로 나타났다. 소득 격차가 너무 크다는 데 동의(동의한다+매우 동의한다)하는 비율과 가장 부유한 1%의 사람들이 가지고 있는 자산이 너무 많다는 데 동의하는 비율은 각각 55.4%, 56.3%으로 확인되었다. 또한, 세 가지 문항에 대한 응답 모두 여성, 대학 재학 및 졸업 이하인 경우에 불공정 및 불평등 정도를 크게 인식하고 있는 것으로 나타났다.

한편, 일본 조사 대상자들의 불공정 및 불평등 인식 정도가 상당한 수준인 것으로 보이나, 한국의 경우 그 정도가 더 크며, 세 문항에 대한 비동의 및 동의 비율[48]은 순서대로 57.4%, 80.0%, 80.1%로 나타났다.

---

[48] 한국이 전반적으로 공정한 사회라는 데 동의하지 않는 비율, 소득 격차가 너무 크다는 데 동의하는 비율, 가장 부유한 1%의 사람들이 가지고 있는 자산이 너무 많다는 데 동의하는 비율을 의미한다.

〈표 6-23〉 사회의 불공정 및 불평등 정도에 대한 인식

(단위: %, 명)

구분		전혀 동의하지 않는다	동의하지 않는다	보통이다	동의한다	매우 동의한다	전체
전반적으로 공정한 사회이다	일본	12.5	32.8	41.0	11.6	2.1	100.0 (2,500)
	한국	18.1	39.3	33.0	9.0	0.6	100.0 (2,500)
소득 격차는 너무 크다	일본	1.8	7.4	35.4	38.8	16.6	100.0 (2,500)
	한국	0.6	3.0	16.5	52.2	27.8	100.0 (2,500)
가장 부유한 1%의 사람들이 가지고 있는 자산이 너무 많다	일본	1.9	6.4	35.3	34.8	21.5	100.0 (2,500)
	한국	1.3	2.6	16.0	36.2	43.9	100.0 (2,500)

주: 각 항목의 수치(비율)는 소수 둘째 자리에서 반올림하였음.

조사 대상자들의 사회에 대한 인식을 〈표 6-23〉과는 다른 각도에서 살펴보고자 한다. 아래 〈표 6-24〉에는 개인의 성공 요인의 중요도에 대한 인식을 제시하였다. 〈표 6-24〉의 요인들은 그 성격에 따라 개인의 노력과 그 외49)로 구분할 수 있으며, 개인의 노력이 중요하다(상당히 중요하다+매우 중요하다+필수적이다)고 응답한 일본 조사 대상자의 비율은 94.1%로 나타났다. 그 외 요인들 중에서는 부유한 가정이 중요하다고 응답한 비율이 79.9%로 가장 높았으며, 좋은 교육을 받은 부모, 정치적 인맥, 성별이 중요하다고 응답한 비율은 각각 77.3%, 61.9%, 49.5%로, 개인의 노력을 그 외 요인에 비해 중요하게 생각하는 것으로 나타났다.

한국 조사 대상자들 역시 성공을 위해 개인의 노력이 가장 중요하다고 응답했으나, 부유한 가정과 좋은 교육을 받은 부모의 중요성을 개인의 노력과 유사한 수준으로 중시하는 것으로 나타났다. 이는 한국 조사 대상자들이 일본에 비해 개인의 노력 외의 요인들을 상대적으로 더 중요시하는 경향이 있음을 보여준다.

---

49) 그 외는 부유한 가정, 좋은 교육을 받은 부모, 정치적 인맥, 성별을 포함한다.

〈표 6-24〉 성공 요인에 대한 인식

(단위: %, 명)

구분		전혀 중요하지 않다	매우 중요하지는 않다	상당히 중요하다	매우 중요하다	필수적이다	전체	
부유한 가정	일본	2.1	18.0	45.0	24.8	10.1	100.0	(2,500)
	한국	0.2	3.6	27.2	43.4	25.6	100.0	(2,500)
좋은 교육을 받은 부모	일본	2.2	20.6	42.8	24.4	10.1	100.0	(2,500)
	한국	0.3	5.5	28.6	42.5	23.1	100.0	(2,500)
개인의 노력	일본	1.2	4.6	36.6	31.2	26.3	100.0	(2,500)
	한국	0.4	3.1	24.9	35.5	36.2	100.0	(2,500)
정치적 인맥	일본	7.9	30.2	39.6	16.6	5.7	100.0	(2,500)
	한국	3.2	19.9	36.2	26.4	14.4	100.0	(2,500)
성별	일본	14.6	36.0	35.4	10.6	3.5	100.0	(2,500)
	한국	13.5	32.2	31.9	15.8	6.6	100.0	(2,500)

주: 각 항목의 수치(비율)는 소수 둘째 자리에서 반올림하였음.

제5절 인구정책 및 예산 투입에 대한 인식

제5절에서는 인구정책 등에 대한 인지도, 활용 가능성, 예산 투입에 대한 인식을 파악하고자 한다. 〈표 6-25〉에서는 정부가 추진하고 있는 다양한 정책을 8개 영역으로 분류하여 각각에 대한 인지도를 살펴보았다. 일본 조사 대상자들의 정책에 대한 인지도(조금 안다+상당히 안다+매우 잘 안다)는 자녀에 대한 수당(아동수당, 가족수당 등)(71.0%), 출산 및 육아 휴직제도(70.5%) 순으로 높고, 지역 인구 균형을 위한 정책(36.8%), 다자녀가구 추가 지원(44.2%) 순으로 낮게 나타났다. 조사 대상자들의 특성에 따라 정책에 대한 인지도는 차이가 있었으나, 8개 영역 모두에서 20~24세, 고졸 이하, 미혼, 무자녀인 경우 인지도가 상대적으로 낮은 것으로 확인되었다.

한국 조사 대상자들의 정책 인지도는 모든 영역에서 일본에 비해 높으며,

그중 출산 및 육아 휴직제도에 대한 인지도가 가장 높은 것으로 나타났다 (79.9%).

〈표 6-25〉 인구정책에 대한 인지도

(단위: %, 명)

구분		전혀 모른다	거의 모른다	조금 안다	상당히 안다	매우 잘 안다	전체
임신, 출산 지원(의료보험 등)	일본	9.5	25.1	52.1	10.6	2.7	100.0 (2,500)
	한국	6.9	22.8	49.2	18.0	3.2	100.0 (2,500)
출산 수당 또는 물품(출산장려금 등)	일본	11.2	29.0	47.3	10.4	2.2	100.0 (2,500)
	한국	6.9	20.8	47.1	20.8	4.4	100.0 (2,500)
출산 및 육아 휴직제도	일본	8.7	20.9	53.0	14.1	3.4	100.0 (2,500)
	한국	4.4	15.6	49.2	25.1	5.6	100.0 (2,500)
어린이집 지원(보육시설 확충, 보육료 지원 등)	일본	10.1	28.6	45.9	12.3	3.1	100.0 (2,500)
	한국	7.8	23.2	44.6	20.6	3.8	100.0 (2,500)
자녀에 대한 수당 (아동수당, 가족수당 등)	일본	8.6	20.4	48.7	17.9	4.4	100.0 (2,500)
	한국	7.2	20.9	42.3	24.3	5.4	100.0 (2,500)
세금을 통한 지원(세금 경감)	일본	12.0	32.6	42.8	10.4	2.2	100.0 (2,500)
	한국	10.9	32.9	39.0	15.0	2.2	100.0 (2,500)
다자녀가구 추가 지원	일본	19.5	36.3	34.6	8.0	1.6	100.0 (2,500)
	한국	8.1	22.4	43.9	21.0	4.5	100.0 (2,500)
지역 인구 균형을 위한 정책	일본	22.1	41.1	29.3	5.9	1.6	100.0 (2,500)
	한국	19.6	38.4	30.0	9.7	2.2	100.0 (2,500)

주: 각 항목의 수치(비율)는 소수 둘째 자리에서 반올림하였음.

〈표 6-26〉에는 다양한 정책들 중 직장생활과 관련성이 있는 정책의 활용 가능성에 대한 조사 대상자의 인식을 제시하였다. 일본 조사 대상자들 중 29.2%는 여성의 육아휴직을, 28.8%는 출산휴가를 자유롭게 활용할 수 있다(매우 자유롭게 활용 가능함+비교적 자유롭게 활용 가능함)고 응답하여, 여성의 육아휴직과 출산휴가는 비교적 자유롭게 활용할 수 있다고 인식하는 것으로 나타났다.50) 반면, 12.3%가 가족돌봄휴가를, 12.5%가 남성의 육아휴직을, 12.7%가 유연근로제를 자유롭게 활용할

---
50) 어느 정도 활용 가능하다고 응답한 경우까지 고려하면 동 비율은 65.1%, 63.1%로 상승한다.

수 있다고 응답하여 가족돌봄휴가, 남성의 육아휴직 및 유연근로제의 활용 가능성은 상대적으로 낮게 인식되는 것으로 보인다.

상기 언급한 정책 활용 가능성에 대해 일본 조사 대상자들은 한국 조사 대상자들보다 전반적으로 높게 인식하고 있다. 한국 조사 대상자들 중 남성의 육아휴직을 자유롭게 활용 가능하다고 응답한 비율은 8.5%에 그쳤으며, 유연근로제 및 가족돌봄휴가를 자유롭게 활용 가능하다고 응답한 비율도 약 10% 수준으로 나타났다.[51]

〈표 6-26〉 직장생활 관련 정책의 활용 가능성에 대한 인식

(단위: %, 명)

구분		매우 자유롭게 활용 가능함	비교적 자유롭게 활용 가능함	어느 정도 활용 가능함	대체로 활용하지 못함	전혀 활용하지 못함	모르겠음	전체	
여성의 육아휴직	일본	9.1	20.1	35.9	10.6	5.0	19.2	100.0	(2,500)
	한국	6.0	17.1	36.3	24.8	10.2	5.6	100.0	(2,500)
남성의 육아휴직	일본	3.5	9.0	35.2	21.9	9.7	20.7	100.0	(2,500)
	한국	1.9	6.6	21.2	39.2	25.4	5.8	100.0	(2,500)
유연근로제	일본	3.7	9.0	32.7	23.4	10.0	21.3	100.0	(2,500)
	한국	2.7	7.8	26.1	35.8	19.5	8.1	100.0	(2,500)
출산휴가	일본	11.3	17.5	34.3	13.2	5.4	18.2	100.0	(2,500)
	한국	11.1	21.0	34.8	18.8	9.4	4.9	100.0	(2,500)
가족돌봄휴가	일본	3.7	8.6	29.6	22.6	11.1	24.4	100.0	(2,500)
	한국	3.4	7.5	22.0	34.5	22.6	10.0	100.0	(2,500)

주: 각 항목의 수치(비율)는 소수 둘째 자리에서 반올림하였음.

마지막으로, 자녀 출산과 양육을 위한 정부 예산 투입 방향에 대한 인식을 살펴본다. 〈표 6-27〉에 따르면 일본 조사 대상자들 중 67.3%는 자녀 출산과 양육을 위해서 정부가 관련 예산을 늘려야 한다(대폭 늘려야

---

[51] 다만, 모르겠다고 응답한 일본 조사 대상자들의 비율이 모든 정책들에서 약 20% 수준으로 나타나는 등 동 문항의 결과를 해석함에 있어 주의를 기울일 필요성이 있다. 이에, 일본과 한국 각각 모르겠다고 응답한 이들을 제외한 후 매우 자유롭게 활용 가능함 또는 비교적 자유롭게 활용 가능함이라고 응답한 비율을 살펴보았으며, 이 경우에도 동일한 결과를 확인하였다.

한다+조금 늘려야 한다)고 응답하였다. 24.6%는 현재 수준을 유지, 8.1%는 줄여야 한다(대폭 줄여야 한다+조금 줄여야 한다)고 응답하여 관련 예산의 증액을 희망하는 비율이 높게 나타났다. 동 비율이 한국에서는 순서대로 79.3%, 15.3%, 5.4%로 나타나 관련 예산의 증액 요구는 일본에 비해 한국에서 상대적으로 큰 것으로 확인되었다.

〈표 6-27〉 자녀 출산과 양육을 위한 정부 예산 투입 방향

(단위: %, 명)

구분	관련 예산을 대폭 늘려야 한다	관련 예산을 조금 늘려야 한다	관련 예산을 현재 수준으로 유지해야 한다	관련 예산을 조금 줄여야 한다	관련 예산을 대폭 줄여야 한다	전체	
일본	34.2	33.1	24.6	4.0	4.1	100.0	(2,500)
한국	51.7	27.6	15.3	3.2	2.2	100.0	(2,500)

주: 각 항목의 수치(비율)는 소수 둘째 자리에서 반올림하였음.

구체적으로는 여성, 학력이 높을수록, 법률혼, 유자녀인 경우에 자녀 출산과 양육을 위한 정부의 예산이 증액되어야 한다고 생각하는 비율이 높은 경향성이 확인되었다(〈표 6-28〉).

〈표 6-28〉 조사 대상자의 특성별 자녀 출산과 양육을 위한 정부 예산 투입 방향

(단위: %, 명)

구분	관련 예산을 대폭 늘려야 한다	관련 예산을 조금 늘려야 한다	관련 예산을 현재 수준으로 유지해야 한다	관련 예산을 조금 줄여야 한다	관련 예산을 대폭 줄여야 한다	전체	
전체	34.2	33.1	24.6	4.0	4.1	100.0	(2,500)
성별 (x^2=14.548*)							
남성	32.3	32.2	26.5	3.8	5.2	100.0	(1,278)
여성	36.1	34.0	22.6	4.3	3.0	100.0	(1,222)

구분	관련 예산을 대폭 늘려야 한다	관련 예산을 조금 늘려야 한다	관련 예산을 현재 수준으로 유지해야 한다	관련 예산을 조금 줄여야 한다	관련 예산을 대폭 줄여야 한다	전체	
연령 (x^2=37.169*)							
20~24세	33.7	30.1	25.2	4.9	6.1	100.0	(246)
25~29세	35.4	32.3	22.9	5.2	4.1	100.0	(458)
30~34세	37.5	36.6	19.3	3.2	3.5	100.0	(347)
35~39세	39.0	30.7	22.0	2.8	5.5	100.0	(436)
40~44세	31.1	32.7	28.3	5.3	2.6	100.0	(431)
45~49세	30.1	34.9	28.0	3.3	3.8	100.0	(582)
지역 (x^2=34.669**)							
대도시	28.5	34.8	26.2	5.5	5.0	100.0	(477)
대도시의 외곽/교외	33.1	33.4	26.4	3.7	3.4	100.0	(614)
중소도시	38.5	31.5	23.2	3.2	3.5	100.0	(1,176)
농어촌지역	26.6	36.5	23.6	6.0	7.3	100.0	(233)
학력 (x^2=28.471***)							
고졸 이하	33.8	29.1	26.8	4.7	5.7	100.0	(794)
대학 재학 및 졸업	35.0	34.1	23.9	3.7	3.3	100.0	(1,612)
대학원 재학 및 졸업	23.4	48.9	17.0	5.3	5.3	100.0	(94)
혼인상태 (x^2=92.862***)							
미혼	27.4	32.0	29.8	4.9	5.9	100.0	(1,027)
동거/사실혼	34.1	30.0	25.8	7.1	3.0	100.0	(337)
법률혼	40.6	35.7	18.8	2.6	2.4	100.0	(1,008)
이혼/별거/사별	38.3	28.9	25.8	0.8	6.3	100.0	(128)
자녀 유무 (x^2=71.901***)							
유	41.2	34.3	19.4	3.2	2.0	100.0	(1,074)
무	28.9	32.2	28.5	4.7	5.7	100.0	(1,426)
경제활동상태 (x^2=2.068)							
취업 중	33.5	33.4	25.0	4.1	4.1	100.0	(1,925)
미취업 중	36.5	32.2	23.1	4.0	4.2	100.0	(575)
가구소득 (x^2=45.882***)							
20만엔 미만	29.8	29.1	28.3	6.8	6.0	100.0	(601)
20만엔 이상~30만엔 미만	33.6	32.0	26.4	3.6	4.4	100.0	(610)
30만엔 이상~40만엔 미만	37.3	35.6	22.2	2.4	2.6	100.0	(464)
40만엔 이상~50만엔 미만	37.9	35.2	21.5	2.4	3.0	100.0	(372)
50만엔 이상	34.4	35.5	22.3	4.0	3.8	100.0	(453)

주: 1) *p<0.05, **p<0.01, ***p<0.001
　　2) 5보다 작은 기대빈도를 갖는 셀이 20% 이상인 경우 x^2값을 제시하지 않음.
　　3) 각 항목의 수치(비율)는 소수 둘째 자리에서 반올림하였음.

제7장

결론

제1절 주요 결과 요약
제2절 시사점

제7장 결론

제1절 주요 결과 요약

일본은 한국보다 먼저 저출산·고령화를 경험해온 나라로, 출산율 회복을 위해 오랜 기간 다양한 정책을 추진해왔다. 합계출산율 1.57명을 기록한 1989년 1.57 쇼크를 계기로 1990년대 중반부터 본격적으로 저출산 대응 정책을 추진하였다. 엔젤플랜, 신엔젤플랜, 대기아동 해소 프로젝트 등 여러 정책이 추진되었으며, 2005년부터 2015년까지 합계출산율이 매년 상승하는 등 소기의 성과를 거두기도 하였다.

한편, 한국은 저출산 현상이 지속되면서 현재 전 세계에서 가장 출산율이 낮은 국가 중 하나가 되었으며, 반등이 시급한 상황이다. 이에, 본 연구는 향후 한국의 인구정책 수립 시 참고할 수 있는 기초 자료를 제공하려는 목적으로 일본의 인구 변화와 그에 대응하기 위한 인구정책의 흐름을 살펴보았으며, 혼인·출산 등 인구 변화의 요인과 주요 인구정책의 효과성을 검토하였다. 또한, 결혼·출산·육아에 대한 일본 국민들의 인식을 조사하고 이를 한국과 비교하였다.

일본의 주요 인구 통계지표를 간략히 요약하면 다음과 같다. 총인구 수는 2010년부터 감소하기 시작하였으며, 2023년 기준으로 1억 2,435만 2,000명을 기록하였다. 총인구 중 수도권 인구의 비율은 29.68%로, 수도인 도쿄도의 인구 비율은 11.33%로 나타났다. 연령대별로는 유소년인구(0~14세) 11.40%, 생산연령인구(15~64세) 59.47%, 노인인구(65세 이상)가 29.13%를 차지한다. 2022년 기준 혼인율은 4.1%, 평균 초혼 연령은 남성 31.1세, 여성 29.7세이며, 출생아 수는 77만 759명, 합계출산율은 1.26명으로 나타났다.

하락하던 합계출산율이 반등하여 2005~2015년 기간에 상승하기도 하였으나, 이후 다시 감소세로 돌아서자 일본 정부는 2023년 어린이 미래 전략 정책을 발표하였다. 여기에는 아동수당, 출산육아 일시금, 고등교육비 지원, 대여형 장학금 감액반환제도, 육아휴직 급여율의 확대, 출산·육아 응원 교부금 제도, 수업료 후불제, 육아 시 단축 근무 신설 등이 모두 포함되는 등 출산율을 끌어올리기 위한 일본 정부의 노력이 반영된 것으로 보인다. 또한, 기존에 여러 부처에 분산되어 있던 아동 관련 정책들을 통합하고 그 효율성을 극대화하기 위하여 어린이가정청을 설립하여 컨트롤타워로서 역할을 수행하도록 하였다.

일본의 고령화 대책은 1980년대에 가구 구성의 변화 및 가정 내 돌봄 기능 약화로 인해 다가오는 고령사회에 대비한 복지 서비스 관련 인프라 정비와 인재 확보가 시급한 과제가 됨에 따라 1989년에 골드플랜을 발표하면서 본격적으로 수립·추진되었다. 이후 신골드플랜 발표, 고령사회대책 기본법 제정, 골드플랜 21 발표 등을 거쳐 현재는 고령화 대책의 주축으로서 인지증기본법, 개호보험, 지역포괄케어시스템 등이 그 역할을 수행하고 있다. 또한, 제4차 고령사회대책대강을 현재 수립하는 중이다.

일본 국민들을 대상으로 결혼·출산·육아에 관한 인식을 조사한 결과를 요약하면 다음과 같다. 결혼할 생각이 있다고 응답한 비율이 32.0%, 향후 자녀를 출산할 생각이 있다고 응답한 비율이 20.3%로, 모두 한국에 비해 다소 높은 것으로 나타났다. 자녀 출산 시 본인의 건강(81.4%), 배우자의 건강(80.9%), 가정의 경제적 여건(77.8%) 순으로 중요하게 고려한다고 응답하였으나, 경력 단절의 가능성을 중요하게 고려하는 경우는 39.5%로 비교적 드물어 한국(72.2%)과 그 차이가 두드러졌다. 또한, 일본 국민들은 자녀를 갖게 되면 삶에 부정적 영향(원하는 것을 자유롭게 할 수 있는 가능성이 낮아진다, 나의 일할 수 있는 기회가 줄어든다, 경제적 부담이 늘어난다)이 있을 것이라고 생각하는 비율이 한국에 비해 낮았으나, 이와 동시에 삶에 긍정적 영향(삶에서 얻는 기쁨과 만족이 커진다)이 있을 것이라고 생각하는 비율도 한국에 비해 낮았다.

한편, 인구 변화에 대한 전반적 인식을 조사한 결과, 최근 출산율을 적당한 수준이라고 생각하지 않는 비율, 정부가 출산율 감소에 대응하기 위해 충분한 노력을 하고 있다는 데 동의하지 않는 비율이 한국에 비해 일본에서 각각 약 20%p, 15%p 낮게 나타나는 등 일본에 비해 한국에서 최근 출산율 수준의 제고를 위해 정부의 보다 적극적인 노력을 주문하는 것으로 확인되었다.

마지막으로, 인구정책 및 예산 투입에 대한 인식을 살펴본 결과는 다음과 같다. 일본 조사 대상자들의 정책에 대한 인지도는 자녀에 대한 수당(71.0%), 출산 및 육아 휴직제도(70.5.%) 순으로 높고, 지역 인구 균형을 위한 정책(36.8%), 다자녀가구 추가 지원(44.2%) 순으로 낮았으며, 모든 영역에서 한국에 비해 낮은 것으로 확인되었다. 또한, 자녀 출산과 양육 지원을 위해 정부가 관련 예산을 늘려야 한다고 응답한 비율은 67.3%로, 한국에 비해 다소 낮았다.

제2절 시사점

일본의 합계출산율은 2016년 이후 8년 연속 하락하여 2023년에 역대 최저치였던 2005년과 동일한 1.20명을 기록하였으나, 한국은 2018년 이후 1명 이하로 하락한 상태가 지속되고 있으며, 2023년 기준 0.72명에 그쳐 일본보다 저출산 현상이 더욱 심각한 상황이다. 이에, 제2장 일본의 주요 인구통계 지표, 제3장과 제4장에서 살펴본 일본의 저출산 정책 등을 토대로 한국의 저출산 현상과 관련하여 검토할 필요성이 있는 사항들을 아래와 같이 제시하고자 한다.

첫째, 신설될 인구대응특별회계의 재원 조달 방식을 다각도로 검토할 필요성이 있다. 2024년 6월 19일 발표된 저출산고령사회위원회의 보도자료에 따르면, 인구 국가비상사태 대응을 위해 저출생대응기획부(가칭)와 저출생수석실을 신설하고, 부처 신설과 연계하여 특별회계 및 예산 사전심의제 도입을 검토한다. 인구대응특별회계의 재원 조달 방식은 논의를 거쳐 향후 결정될 예정인데, 일본의 사례를 참고할 수 있을 것으로 보인다.

일본 정부는 어린이 미래전략 정책을 추진함에 따라 2028년도까지 추가적으로 필요한 비용이 약 3.6조 엔이라고 추계하였다. 재원 확보 방안으로는 소비세율 인상, 국채 발행, 사회보험료에 가산한 지원금 제도의 신설, 세출 개혁 등을 논의한 바 있다. 이 중 소비세율 인상은 여론의 반발을 불러일으킬 수 있다는 점에서 선택지에서 제외되었으나, 소비세율을 인상하여 저출산 대책의 재원으로 활용해야 한다는 의견이 여전히 일본 내에 상당수 존재한다는 점을 고려하면 향후에도 소비세율 인상에 대한 논의가 계속될 것으로 보인다. 또한, 일본의 부채 잔액은 GDP의 두 배를 넘어, 주요 선진국 가운데 가장 높은 수준이다. 이로 인해 국채 발행을 통한 자금 조달은 현실적으로 어려움이 따른다.

이러한 한계를 극복하기 위한 대안으로 사회보험료에 가산한 지원금 제도가 주목받고 있다. 이 제도는 저출산 문제 해결을 위한 재원의 일부를 사회보험료에 추가하여, 육아에 필요한 비용을 사회 전체가 부담하도록 설계된 것이다. 일본 정부는 이 제도의 도입으로 국민 1인당 월 500엔 정도의 추가 부담이 발생할 것으로 추산하고 있다.[52] 반대 여론을 의식

---

52) 김명중(2024)을 참고하였다.

하여 2023년 6월 어린이 미래전략 정책 초안 발표 당시 사회보험료 가산에 대하여 언급하지는 않았으나, 이후 관련 논의를 위한 준비 조직을 설치하는 등 사회보험료에 가산한 지원금 제도 신설을 중심으로 저출산 대책의 재원이 논의될 가능성이 높은 것으로 보인다.

둘째, 향후 정책의 수립·추진 시 수도권 인구 및 취업자 집중 현상을 완화하기 위한 노력이 필요할 것으로 보인다. 한국의 수도권 집중 현상은 일본에 비해 더 두드러진다. 2022년 기준 한국의 수도권 인구 비율은 50.4%(서울 18.2%, 경기 26.5%, 인천 5.7%)로, 절반 이상의 인구가 수도권에 거주하고 있으며, 이는 일본 수도권(도쿄도 11.3%, 사이타마현 5.9%, 지바현 5.0%, 가나가와현 7.4%) 인구 비율 29.6%를 크게 상회한다.[53)54)] 한국의 수도권 집중 현상은 주로 지역 간 이동에 따른 것으로, 특히 청년들이 양질의 교육과 일자리를 위해 수도권으로 집중되고 있다. 저출산 현상은 다양한 요인들이 복합적으로 작용한 결과로, 그 원인을 단정 짓기는 어려운 측면이 있으나, 수도권 집중 현상이 그중 하나로 지목될 수 있다. 수도권으로의 인구 집중이 주거 비용 상승, 취업 경쟁 심화, 생활환경의 과밀화 등을 초래하여 청년들이 결혼과 출산을 기피하는 요인으로 작용할 수 있기 때문이다.

셋째, 경제적 지원 정책과 관련하여 일본의 사례를 참고할 수 있다. 대학등록금 지원의 경우 일본에서는 세 자녀 이상 기구에 대해 소득에 관계없이 첫째 자녀부터 대학등록금을 전액 면제하는 것으로 지원을 확대할 계획이라고 발표하였다. 반면 한국에서는 일정 소득 이하인 경우에

---

53) 단, 일본의 수도권 인구 비율은 〈표 2-2〉에 제시한 2022년 수치를 활용하였다.
54) 일본의 수도권 인구 비율이 한국에 비해 낮은 원인 중 하나로, 구제국대학의 존재를 고려할 수 있다. 구제국대학은 제국대학령에 의거하여 설립된 종합대학으로, 현재 일본 내에 7개가 있으며, 명문대학으로 인정받고 있다(교토대, 도쿄대, 나고야대, 도호쿠대, 홋카이도대, 큐슈대, 오사카대). 한국에서 명문대학으로 불리우는 대학들 중 상당수가 서울에 집중된 것과 달리, 구제국대학 총 7개의 대학 중 1개만이 도쿄에 위치하고 있다.

셋째 자녀는 전액 지원되며, 첫째 또는 둘째 자녀에게는 일정 금액이 지원되고 있다. 또한, 아동수당의 경우 일본에서는 가구소득과 무관하게 아동의 고등학교 졸업 시까지 3세 미만에게는 첫째 또는 둘째일 경우 월 15,000엔, 셋째일 경우 30,000엔을, 3세~고등학생에게는 첫째 또는 둘째일 경우 10,000엔, 셋째일 경우 30,000엔을 지급하는 것으로 대상자와 지급액을 확대할 계획임을 발표하였다. 반면 한국에서는 7세 미만인 아동에게 매월 10만 원씩 지급되고 있다. 대학등록금 지원과 아동수당을 포함하여 향후 관련 정책의 보완 및 확충 시 일본의 사례를 참고할 수 있겠으나, 경제적 지원 정책의 확충은 정책의 효과성에 대한 엄밀한 분석이 전제되어야 할 것이다.

한편, 초고령사회에 접어든 일본에서는 돌봄이 필요한 고령자와 관련한 다양한 사회적 과제가 발견되며, 여러 신조어들이 탄생하였다. 노인이 노인을 돌보는 '노노개호(老老介護)', 인지증 당사자가 인지증 당사자를 돌보는 '인인개호(認認介護)', 돌봄이 필요한 당사자가 집이나 시설, 병원 등 어디서도 돌봄을 받지 못하는 '개호 난민(介護難民)', 돌봄을 이유로 가족 등이 직장을 그만두는 '개호 이직(介護離職)', 돌봄에 지쳐 돌봄 대상자를 살해하는 '개호 살인(介護殺人)', 돌봄 가족 등이 지쳐서 자살하는 '개호 자살(介護自殺)' 등이 그 예이다. 일본이 먼저 경험하고 있는 이러한 과제들은 한국과 무관하지 않으며, 한국에서도 유사한 상황이 나타나고 있다. 이에, 초고령사회 진입을 앞둔 한국이 향후 고령화 정책 추진 시 참고할 수 있는 일본의 사례를 정리하면 다음과 같다.

첫째, 증가하는 독거노인 가구 및 노노가구와 관련된 돌봄의 문제를 검토할 때 일본의 사례를 참고할 필요가 있다. 일본에서는 가족 규모의 축소와 미혼 인구의 증가로 1인 가구가 늘어나고 있으며, 2024년 발표된 고령사회백서에 의하면 독거하는 65세 이상 고령자의 비율은 2020년 남성

15.0%, 여성 22.1%에서 2050년 남성 26.1%, 여성 29.3%까지 증가할 것으로 예상된다(內閣府, 2024b). 또한 노부부 가구의 증가로 가정 내 돌봄 담당자 부재 문제가 심각해지고 있다. 특히 일상생활에 필요한 계약이나 금전 관리 같은 문제가 발생할 때 누가 어떻게 지원할 것인지가 중요한 과제 중 하나이다. 현재 이 역할을 담당하는 지역포괄지원센터는 과중한 업무로 정착률이 낮고, 새로운 인재 확보가 어려운 상황으로, 적절한 서비스가 적시에 이루어지지 못하는 경우도 발생하고 있다. 이와 관련하여 행정기관과 의료, 복지기관 간의 연계·협력이 중요시되고 있으며, 한국에서 고령화 정책 추진 시 참고할 필요가 있다.

또한, 개인이 원하는 삶을 마지막까지 누릴 수 있도록 하는 법적 근거와 제도적 지원 검토와 관련하여 일본의 사례를 참고할 수 있다. 일본에서는 성년후견제도 외에도 일상생활자립지원제도가 마련되어 있어 개인의 권리를 보호하면서 원하는 삶을 누릴 수 있도록 지원하고 있다. 후생노동성의 '인생회의'는 개인이 인생의 마지막을 어떻게 보내고 싶은지 고민하고 주변과 대화할 수 있는 기회를 제공한다(厚生労働省, n.d.). 이러한 제도는 돌봄 담당자가 없는 상황에서도 개인이 안심하고 지낼 수 있는 기반이 될 수 있다.

둘째, 고령화와 인구 감소가 지방 소멸로 이어질 수 있으므로, 이에 대한 일본의 대응을 참고할 필요가 있다. 2014년 일본 사회에 큰 충격을 안긴 마스다 보고서에 따르면, 현재의 추세가 지속된다면 896개의 지자체가 소멸할 것이라고 한다. 고령화가 진행 중인 지방 도시의 경우, 인구의 절반 이상이 고령자인 곳도 적지 않으며, 새로운 인구 유입 없이 인구 감소로 이어지고 있는 곳이 전국적으로 늘어가고 있는 상황에서 마스다 보고서는 큰 충격을 안겼다. 이와 관련하여 일본에서는 한계마을, 과소지역 등의 용어가 탄생하였으며, 늘어나는 빈집 문제 역시 치안의 불안정화 등 다양한 문제로 연결되었다.

　일본 정부는 과소지역 대책으로 1970년 '과소지역 대책 긴급조치법'을 시작으로 1980년 '과소지역 진흥 특별조치법', 1990년 '과소지역 활성화 특별조치법', 2000년 '과소지역 자립촉진 특별조치법', 2021년 '과소지역 지속적 발전 지원에 관한 특별조치법'으로 법 제정을 이어오며 지속적인 지원을 하고 있다. 한국 역시 지방 도시의 고령화와 인구 감소가 심각한 문제로 대두되고 있는 만큼, 일본 정부의 법 제정과 지원 내용을 참고하여 적극적으로 대응할 필요가 있다.

　셋째, 고령자의 건강하고 활기찬 노후 생활을 위해서는 사회참여와 일자리 확보가 중요하며, 일본의 관련 사례를 참고할 수 있다. 골드플랜 및 고령사회대책대강에서는 고령자를 지원의 대상으로 보았으나, 인구 감소 사회에 접어들면서 고령자의 신체적 능력이 향상됨에 따라 그들이 원하는 경우 다양한 일자리와 사회참여 기회를 확보할 수 있도록 하고 있다. 2015년에는 1억 총활약 전담 장관을 임명하고 관련 조직을 구성하여 고령자를 포함한 모든 사람이 활발히 경제활동에 참여할 수 있도록 지원하기로 하였다.

　2021년 4월부터는 고령자고용안정법을 개정하여 70세까지 취업 기회를 확보하기 위해 노력하도록 권장하고 있으며, 그 결과 70세까지의 고연령자 취업 확보 조치를 실시하고 있는 기업은 전체의 약 30%에 달한다. 또한, 2024년 공개된 고령사회백서에 따르면 65세 이상 고령자의 취업률이 지속적으로 상승하고 있다. 고령자의 사회참여를 촉진시키는 일본 정부의 고령화 정책을 통해 고령자가 다양한 분야에서 활발히 활동할 수 있는 기회가 실제로 늘어나고 있는데, 이는 한국에 중요한 시사점을 제공하며, 향후 고령화 정책에 대한 방향성을 제시할 수 있다.

참고문헌

김명중. (2024. 11. 13.). 일본 출산율이 한국보다 높은 이유. **내일신문**. https://www.naeil.com/news/read/528734에서 인출.

김원경. (2014). 지역포괄케어시스템의 구축배경과 추진방향. **장기요양연구**, 2(1), 5-32.

통계청. (2023. 9. 21.). **2022년 사망원인통계 결과** [보도자료]. https://kostat.go.kr/board.es?mid=a10301060200&bid=218&act=view&list_no=427216

Engle, R. F., & Granger, C. W. J. (1987). Co-integration and error correction: Representation, estimation, and testing. *Econometrica, 55*(2), 251-276. https://doi.org/10.2307/1913236

Fukai, T. (2017). Childcare availability and fertility: Evidence from municipalities in Japan. *The Japanese and International Economies, 43*, 1-18. https://doi.org/10.1016/j.jjie.2016.11.003

Lee, G. H. Y., & Lee, S. P. (2014). Childcare availability, fertility and female labor force participation in Japan. *Journal of the Japanese and International Economies, 32*, 71-85. https://doi.org/10.1016/j.jjie.2014.01.002

Matsuda, S., & Sasaki, T. (2020). Deteriorating employment and marriage decline in Japan. *Comparative Population Studies, 45*, 395-416. https://doi.org/10.12765/CPoS-2020-22

Nagase, N., & Brinton, M. C. (2017). The gender division of labor and second births: Labor market institutions and fertility in Japan. *Demographic Research, 36*, 339-370. https://doi.org/10.4054/DemRes.2017.36.11

OECD. (2020). Balancing paid work, unpaid work and leisure.

OECD. (n.d.). Gender wage gap. https://www.oecd.org/en/data/indica

tors/gender-wage-gap.html?oecdcontrol-324c268e53-var1=OECD%7CCRI%7CCZE%7CDNK%7CEST%7CFIN%7CFRA%7CDEU%7CGRC%7CHUN%7CISL%7CIRL%7CJPN%7CKOR&oecdcontrol-96565bc25e-var3=2022

Yamaguchi, S. (2019). Effects of parental leave policies on female career and fertility choices. *Quantitative Economics, 10*, 1195-1232. https://doi.org/10.3982/QE965

鎌田健司. (2013). 地域の就業・子育て環境と出生タイミングに関する研究―マルチレベルモデルによる検証―. **人口問題研究,** 69(1), 42-66.

加藤久和. (2017). 市区町村別にみた出生率格差とその要因に関する分析. **財務省財務総合政策研究所「フィナンシャル・レビュー」,** 3, 6-23.

加藤承彦, 福田節也. (2018). 男性の育児参加が次子の出生に与える影響：三世代同居との交互作用の検討. **厚生の指標,** 65(15), 8-14.

香取照幸. (2022). **高齢者福祉論：介護保険制度の理念・意義・課題.** 東京経済新報社.

熊谷 亮丸. (2023). **岸田政権の少子化対策に残された課題.** 大和総研調査季報. 52. 大和総研

高齢社会対策大綱の策定のための検討会. (2024). **高齢社会対策大綱の策定のための検討会報告書(案).** 高齢社会対策大綱の策定のための検討会

国立社会保障・人口問題研究所. (2021). **第16回出生動向基本調査(結婚と出産に関する全国調査).** 国立社会保障・人口問題研究所.

国立社会保障・人口問題研究所. (2024). **人口統計資料集(2024).** 国立社会保障・人口問題研究所.

菊澤左江子, 澤井勝. (2013). 介護サービス資源の地域格差と要介護高齢者のサービス利用：介護保険レセプトデータに基づく実証分析. **老年社会科学,** 34(4), 482-490.

永瀬伸子. (2014). 育児短時間の義務化が第1子出産と就業継続、出産意欲に与える影響：法改正を自然実験とした実証分析. **人口学研究,** 50, 29-53.

内閣官房. (2023). **こども未来戦略」案 ~次元の異なる少子化対策の実現に向けて~.**

内閣官房. (2024). 第1回こども未来戦略会議での主な意見 資料 1.
内閣府. (2015). 選択する未来: 人口推計から見えてくる未来像. 内閣府. https://www5.cao.go.jp/keizai-shimon/kaigi/special/future/sentaku/index_pdf.html
内閣府. (2018). 高齢社会対策大綱(平成30年2月16日閣議決定). 内閣府. https://www8.cao.go.jp/kourei/measure/taikou/h29/hon-index.html
内閣府. (2021). 少子化社会に関する国際意識調査. 内閣府. https://warp.da.ndl.go.jp/info:ndljp/pid/13024511/www8.cao.go.jp/shoushi/shoushika/research/r02/kokusai/pdf_index.html
内閣府. (2023). 令和5年版高齢社会白書. 内閣府. https://www8.cao.go.jp/kourei/whitepaper/w-2023/zenbun/05pdf_index.html
内閣府. (2024a). 高齢社会対策大綱(案)(令和6年8月). 内閣府.
内閣府. (2024b). 令和6年版高齢社会白書. 内閣府. https://www8.cao.go.jp/kourei/whitepaper/w-2024/zenbun/06pdf_index.html
内閣府. (2024. 2. 13.). 新たな高齢社会対策大綱の案の作成について [보도자료]. https://www8.cao.go.jp/kourei/measure/taisakukaigi/36/taikouan-sakusei.html
大蔵·厚生·自治3大臣合意. (1994). 高齢者保健福祉推進10か年戦略の見直しについて(新ゴールドプラン).
麦山亮太. (2017). 職業経歴と結婚への移行—雇用形態·職種·企業規模と地位変化の効果における男女差. 家族社会学研究, 29(2), 129-141.
松田茂樹. (2019). ヴィネット調査を用いた子育て支援策が出生行動に与える効果の研究. 人口学研究, 55, 41-53. https://doi.org/10.24454/jps.1902004
馬場園明 (2019. 10. 9.) 急増する老人医療費, '地域包括ケアシステム'で費用削減を. 公益社団法人日本経済研究センタ. https://www.jcer.or.jp/blog/babazonoakira20191009.html
文部科学省. (2024). 高等教育の修学支援新制度. https://www.mext.go.jp/a_menu/koutou/hutankeigen/index.htm

宮本由紀, 荒渡良. (2013). 所得補助と非所得補助が出生率に与える効果の比較―市別データを用いた分析. 日本経済研究, 68, 70-87.

増田幹人. (2016). 地方自治体における教育支援・負担と出生率. NIER Discussion Paper Series No. 003. 国立教育政策研究所.

坂爪聡子. (2022) 育児サービス利用への補助が結婚と出生に与える影響. 現代社会研究科論集：京都女子大学大学院現代社会研究科紀要 16, 29-41.

坂爪聡子. (2023). 児童手当が結婚と出生に与える影響. 現代社会研究科論集：京都女子大学大学院現代社会研究科紀要 17, 41-51.

三菱UFJリサーチ&コンサルティング. (2021). 地域包括支援センターの運営課題に対する取組ポイント：地域包括ケアを推進する運営を目指して. http://www.zaikaikyo.gr.jp/pdf/r30507.pdf

三好向洋. (2013). 日本における労働市場と結婚選択. 日本労働研究雑誌, 638, 33-42.

森信茂樹. (2021). 消費税アーカイブ第15回・低所得者対策・軽減税率導入の経緯 (前編). https://www.tkfd.or.jp/research/detail.php?id=3842

少子化社会対策会議. (2006). 新しい少子化対策について.

静岡市. (2024. 10. 8.). 2024年10月からの児童手当制度改正のお知らせ. https://www.city.shizuoka.lg.jp/s2873/s009123.html

佐々木尚之. (2012). 不確実な時代の結婚―JGSSライフコース調査による潜在的稼得力の影響の検証. 家族社会学研究, 24(2), 152-164. https://doi.org/10.4234/jjoffamilysociology.24.152

佐々木昇. (2016). 日本における若年層の雇用環境の悪化と結婚行動に関する実証分析. 生活経済学研究, 43, 31-41. https://doi.org/10.18961/seikatsukeizaigaku.43.0_31

佐藤一磨. (2014). 育児休業制度が結婚に及ぼす影響. 季刊社会保障研究, 50(1・2), 125-136.

こども家庭庁. (2022). こども家庭庁設置法（令和4年法律第75号）の概要.

こども家庭庁. (2023). 令和5年4月の待機児童数調査のポイント.

こども家庭庁長官. (2023). **令和5年度出産・子育て応援交付金の交付について**.

こども政策担当大臣. (2023. 3. 31.). **こども・子育て政策の強化について(試案)~次元の異なる少子化対策の実現に向けて~**. https://www.cfa.go.jp/policies/81755c56-2756-427b-a0a6-919a8ef07fb5

こども基本法の概要, 令和四年法律第七十七号 (2022).

子ども家庭庁. (2023). **参考資料集**. https://www.cfa.go.jp/assets/contents/node/basic_page/field_ref_resources/e9006626-c775-4899-bbc5-580b8028c311/70ca129c/20230510_councils_kodomo_seisaku_kyougi_S7m2hTQa_11.pdf

宇南山, 山本学. (2015). **保育所の整備と女性の労働力・出生率 —保育所の整備は女性の就業と出産・育児の両立を実現させるか—**. PRI Discussion Paper Series (No.15A-2).

人口戦略会議. (2024). **人口ビジョン2100**.

桐原康栄. (2021). **少子化の現状と対策**. 調査と情報—ISSUE BRIEF(No.1163). 国立国会図書館調査と情報.

株式会社オーネット. (2023. 1. 4.). **2023年「新成人の恋愛・結婚に関する意識調査**. https://onet.co.jp/company/release/2023/20230104.html

地域包括ケア研究会. (2013). **地域包括ケアシステムの5つの構成要素と「自助・互助・共助・公助**. https://www.mhlw.go.jp/seisakunitsuite/bunya/hukushi_kaigo/kaigo_koureisha/chiiki-houkatsu/dl/link1-3.pdf

中井章太. (2016). 少子化の都道府県格差要因としての若年男性雇用. **産開研論集**, 28, 27-40.

増田幹人. (2018). 東京都心からの距離と出生率との関係. **駒沢大学経済学論集**, 49(1・2), 57-71.

中澤克佳, 矢尾板 俊平, 横山彰 (2015). 子育て支援に関わる社会インフラの整備とサービスに関する研究: 出生率・子どもの移動に与える影響と先進事例の検討.

堤静子. (2011). 少子化要因としての未婚化・晩婚化 —都道府県コーホートによる

分析―. 社会保障研究, 47(2), 159-174.
厚生省. (1989). 高齢者保健福祉推進十か年戦略(平成11年度までの十か年の目標).
厚生労働省. (n.d.). 地域包括ケアシステムの強化のための介護保険法等の一部を改正する法律のポイント. https://www.mhlw.go.jp/content/000640410.pdf
厚生労働省. (n.d.). 第9期介護保険事業計画に基づく介護職員の必要数について. https://www.mhlw.go.jp/content/12004000/001274765.pdf
厚生労働省. (n.d.). 地域包括ケアシステム. https://www.mhlw.go.jp/stf/seisakunitsuite/bunya/hukushi_kaigo/kaigo_koureisha/chiiki-houkatsu/index.html
厚生労働省. (n.d.). 「人生会議」してみませんか. https://www.mhlw.go.jp/stf/newpage_02783.html
厚生労働省. (1999. 12. 19). 今後5か年間の高齢者保健福祉施策の方向～ゴールドプラン21. https://www.mhlw.go.jp/www1/houdou/1112/h1221-2_17.html
厚生労働省. (2003). 次世代育成支援対策推進法案要綱.
厚生労働省. (2004). 少子化社会対策大綱.
厚生労働省. (2007). 「子どもと家族を応援する日本」重点戦略.
厚生労働省. (2013). 待機児童解消加速化プランの支援パッケージについて.
厚生労働省. (2016). 日本の介護保険制度について.
厚生労働省. (2023. 7. 10.). 共生社会の実現を推進するための認知症基本法について. https://www.mhlw.go.jp/content/12300000/001119099.pdf
厚生労働省. (2024a). 育児休業、介護休業等育児又は家族介護を行う労働者の福祉に関する法律及び次世代育成支援対策推進法の一部を改正する法律の概要（令和6年法律第42号、令和6年5月31日公布）
厚生労働省. (2024b). 令和5年(2023)人口動態統計月報年計（概数）の概況. https://www.mhlw.go.jp/toukei/saikin/hw/jinkou/geppo/nengai23/index.html

厚生労働省. (2024c). **図表1-1-9 年齢階級別未婚割合の推移**. https://www.mhlw.go.jp/stf/wp/hakusyo/kousei/22/backdata/01-01-01-09.html

厚生労働省. (2024d). **出産育児一時金の支給額・支払方法について**. 2024. 9. 5. 검색, https://www.mhlw.go.jp/stf/seisakunitsuite/bunya/kenkou_iryou/iryouhoken/shussan/index.html

厚生労働省社会・援護局地域福祉課青年後見制度利用促進室. (2021). **検討テーマに係る関係資料(意思決定支援ガイドライン)**.

深井太洋. (2019). 保育所整備は女性の就業率や出生率を上げたのか. **日本労働研究雑誌,** 61(6), 4-20.

樋口美雄, 坂本和靖, 萩原理沙. (2016). 女性の結婚・出産・就業の制約要因と諸対策の効果検証. **三田商学研究,** 58(6), 29-57.

PwC Japanグループ少子化政策提言チーム. (2021). 日本の少子化を止めるために必要な9つの提言. **PwC's View,** 35, 46-55.

통계청. (2023). **인구총조사** [데이터 세트] 국가통계포털. 2024. 9. 20. 검색, https://kosis.kr/statHtml/statHtml.do?orgId=101&tblId=DT_1DA7002S&vw_cd=MT_ZTITLE&list_id=B11&scrId=&seqNo=&lang_mode=ko&obj_var_id=&itm_id=&conn_path=MT_ZTITLE&path=%252FstatisticsList%252FstatisticsListIndex.do

国立社会保障・人口問題研究所. (2024). **人口統計資料集** [Data set]. 国立社会保障・人口問題研究所. 2024. 6. 11. 검색, https://www.ipss.go.jp/syoushika/tohkei/Popular/P_Detail2024.asp?fname=T02-06.htm

国立社会保障・人口問題研究所. (2024). **人口統計資料集** [Data set]. 国立社会保障・人口問題研究所. 2024. 6. 14. 검색, https://www.ipss.go.jp/syoushika/tohkei/Popular/P_Detail2024.asp?fname=T07-01.htm

国立社会保障・人口問題研究所. (2024). **人口統計資料集** [Data set]. 国立社会保障・人口問題研究所. 2024. 6. 14. 검색, https://www.ipss.go.jp/syoushika/tohkei/Popular/P_Detail2024.asp?fname=T07-04.htm

国立社会保障・人口問題研究所. (2024). **人口統計資料集** [Data set]. 国立社会保

障·人口問題硏究所. 2024. 6. 14. 검색, https://www.ipss.go.jp/syoushika/tohkei/Popular/P_Detail2024.asp?fname=T07-09.htm

国立社会保障·人口問題硏究所. (2024). **人口統計資料集** [Data set]. 国立社会保障·人口問題硏究所. 2024. 6. 17. 검색, https://www.ipss.go.jp/syoushika/tohkei/Popular/P_Detail2024.asp?fname=T06-01.htm

国立社会保障·人口問題硏究所. (2024). **人口統計資料集** [Data set]. 国立社会保障·人口問題硏究所. 2024. 6. 17. 검색, https://www.ipss.go.jp/syoushika/tohkei/Popular/P_Detail2024.asp?fname=T06-04.htm

国立社会保障·人口問題硏究所. (2024). **人口統計資料集** [Data set]. 国立社会保障·人口問題硏究所. 2024. 6. 17. 검색, https://www.ipss.go.jp/syoushika/tohkei/Popular/P_Detail2024.asp?fname=T06-12.htm

国立社会保障·人口問題硏究所. (2024). **人口統計資料集** [Data set]. 国立社会保障·人口問題硏究所. 2024. 6. 17. 검색, https://www.ipss.go.jp/syoushika/tohkei/Popular/P_Detail2024.asp?fname=T06-21.htm

国立社会保障·人口問題硏究所. (2024). **人口統計資料集** [Data set]. 国立社会保障·人口問題硏究所. 2024. 6. 17. 검색, https://www.ipss.go.jp/syoushika/tohkei/Popular/P_Detail2024.asp?fname=T12-36.htm

国立社会保障·人口問題硏究所. (2024). **人口統計資料集** [Data set]. 国立社会保障·人口問題硏究所. 2024. 6. 18. 검색, https://www.ipss.go.jp/syoushika/tohkei/Popular/P_Detail2024.asp?fname=T04-01.htm

国立社会保障·人口問題硏究所. (2024). **人口統計資料集** [Data set]. 国立社会保障·人口問題硏究所. 2024. 6. 18. 검색, https://www.ipss.go.jp/syoushika/tohkei/Popular/P_Detail2024.asp?fname=T04-15.htm

国立社会保障·人口問題硏究所. (2024). **人口統計資料集** [Data set]. 国立社会保障·人口問題硏究所. 2024. 6. 18. 검색, https://www.ipss.go.jp/syoushika/tohkei/Popular/P_Detail2024.asp?fname=T12-27.htm

国立社会保障·人口問題硏究所. (2024). **人口統計資料集** [Data set]. 国立社会保障·人口問題硏究所. 2024. 6. 18. 검색, https://www.ipss.go.jp/syous

hika/tohkei/Popular/P_Detail2024.asp?fname=T12-33.htm

国立社会保障·人口問題研究所. (2024). **人口統計資料集** [Data set]. 国立社会保障·人口問題研究所. 2024. 6. 19. 검색, https://www.ipss.go.jp/syoushika/tohkei/Popular/P_Detail2024.asp?fname=T08-08.htm

国立社会保障·人口問題研究所. (2024). **人口統計資料集** [Data set]. 国立社会保障·人口問題研究所. 2024. 6. 19. 검색, https://www.ipss.go.jp/syoushika/tohkei/Popular/P_Detail2024.asp?fname=T04-07.htm

国立社会保障·人口問題研究所. (2024). **人口統計資料集** [Data set]. 国立社会保障·人口問題研究所. 2024. 6. 19. 검색, https://www.ipss.go.jp/syoushika/tohkei/Popular/P_Detail2024.asp?fname=T04-12.htm

国立社会保障·人口問題研究所. (2024). **人口統計資料集** [Data set]. 国立社会保障·人口問題研究所. 2024. 6. 19. 검색, https://www.ipss.go.jp/syoushika/tohkei/Popular/P_Detail2024.asp?fname=T04-14.htm

国立社会保障·人口問題研究所. (2024). **人口統計資料集** [Data set]. 国立社会保障·人口問題研究所. 2024. 9. 17. 검색, https://www.ipss.go.jp/syoushika/tohkei/Popular/P_Detail2024.asp?fname=T05-06.htm

国立社会保障·人口問題研究所. (2024). **人口統計資料集** [Data set]. 国立社会保障·人口問題研究所. 2024. 9. 18. 검색, https://www.ipss.go.jp/syoushika/tohkei/Popular/P_Detail2024.asp?fname=T05-13.htm

国立社会保障·人口問題研究所. (2024). **人口統計資料集** [Data set]. 国立社会保障·人口問題研究所. 2024. 9. 18. 검색, https://www.ipss.go.jp/syoushika/tohkei/Popular/P_Detail2024.asp?fname=T05-23.htm

総務省. (2000). **国勢調査** [Data set]. e-Stat(政府統計の総合窓口). 2024. 6. 11. 검색, https://www.e-stat.go.jp/stat-search/files?page=1&layout=datalist&toukei=00200521&bunya_l=02&tstat=000000030001&cycle=0&tclass1=000000030898&tclass2=000000030899&tclass3val=0

総務省. (2010). **国勢調査** [Data set]. e-Stat(政府統計の総合窓口). 2024. 5. 21. 검색, https://www.e-stat.go.jp/dbview?sid=0003410685

総務省. (2015). **国勢調査** [Data set]. e-Stat(政府統計の総合窓口). 2024. 5. 21. 검색, https://www.e-stat.go.jp/dbview?sid=0003149249

総務省. (2020). **国勢調査** [Data set]. e-Stat(政府統計の総合窓口). 2024. 5. 21. 검색, https://www.e-stat.go.jp/dbview?sid=0003445096

総務省. (2020). **国勢調査** [Data set]. e-Stat(政府統計の総合窓口). 2024. 5. 31. 검색, https://www.e-stat.go.jp/dbview?sid=0003410380

総務省. (2020). **国勢調査** [Data set]. e-Stat(政府統計の総合窓口). 2024. 6. 11. 검색, https://www.e-stat.go.jp/stat-search/files?page=1&layout=datalist&toukei=00200521&bunya_l=02&tstat=000001136464&cycle=0&tclass1=000001136466&tclass2val=0

総務省. (2000-2020). **人口推計** [Data set]. e-Stat(政府統計の総合窓口). (2024. 5. 7.), (2024. 5. 8.) 검색, https://www.e-stat.go.jp/stat-search/files?page=1&layout=datalist&toukei=00200524&bunya_l=02&tstat=000000090001&cycle=0&tclass1=000000090004&tclass2=000001051180&tclass3val=0

総務省. (2000-2022). **人口動態調査** [Data set]. e-Stat(政府統計の総合窓口). 2024. 6. 19. 검색, https://www.e-stat.go.jp/dbview?sid=0003411609

総務省. (2023). **人口推計** [Data set]. e-Stat(政府統計の総合窓口). (2024. 5. 7.), (2024. 5. 8.), (2024. 5. 14.), (2024. 6. 11.) 검색, https://www.e-stat.go.jp/stat-search/files?page=1&layout=datalist&toukei=00200524&tstat=000000090001&cycle=7&year=20230&month=0&tclass1=000001011679&result_back=1&tclass2val=0

総務省. (2023). **人口推計** [Data set]. e-Stat(政府統計の総合窓口). 2024. 9. 12. 검색, https://www.e-stat.go.jp/dbview?sid=0004012960

総務省. (2024). **労働力調査** [Data set]. e-Stat(政府統計の総合窓口). 2024. 9. 19. 검색, https://www.e-stat.go.jp/dbview?sid=0003008337

부록

KOREA INSTITUTE FOR HEALTH AND SOCIAL AFFAIRS

[부록 1] 결혼, 출산, 육아에 관한 인식조사

回答者ID
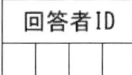

結婚・出産・育児に関する認識調査

拝啓　時下ますますご清栄のこととお慶び申し上げます。
韓国の国務総理傘下の国策研究機関である「韓国保健社会研究院」では、2024年一般課題として『主要国の人口政策比較研究』を実施中です。

本研究は、主要国の人口政策の社会文化的背景を把握することを目的として、人口現象、結婚、出産及び育児、人口政策に関する認識調査を行いたいと思います。

本調査は、成人男女（満20～49歳）約2,500人を対象としており、所要時間は約15分と予想されます。回答してくださった内容は、今後の人口政策樹立の貴重な資料として活用されますので、積極的な参加と率直な回答をお願いいたします。

いただいたご意見は、『統計法』第33条（秘密の保護）により個人情報はコード化され、統計算出目的にのみ使用され、秘密は必ず保証されます。
御多忙中とは存じますが、本調査への参加をお願いいたします。
ありがとうございます。

2024年6月
韓国保健社会研究院

調査対象者の選別

SQ1. あなたの性別を教えてください。
①男性　　　　　②女性

SQ2. あなたの年齢を教えてください。　満_____歳
※現在、調査に参加している日付を基準に回答してください。

SQ3 現在の居住地を教えてください。
①北海道
②青森県　③岩手県　④宮城県　⑤秋田県　⑥山形県　⑦福島県
⑧茨城県　⑨栃木県　⑩群馬県　⑪埼玉県　⑫千葉県　⑬東京都　⑭神奈川県
⑮新潟県　⑯富山県　⑰石川県　⑱福井県　⑲山梨県　⑳長野県　㉑岐阜県　㉒静岡県　㉓愛知県
㉔三重県　㉕滋賀県　㉖京都府　㉗大阪府　㉘兵庫県　㉙奈良県　㉚和歌山県
㉛鳥取県　㉜島根県　㉝岡山県　㉞広島県　㉟山口県
㊱徳島県　㊲香川県　㊳愛媛県　㊴高知県
㊵福岡県　㊶佐賀県　㊷長崎県　㊸熊本県　㊹大分県　㊺宮崎県　㊻鹿児島県　㊼沖縄県

SQ4. 現在、あなたの居住地の種類を最もよく説明しているものを選択してください。
①大都市
②大都市の外郭/郊外
③中小都市
④農漁村地域

SQ5. あなたの最終学歴を教えてください。
①中学校卒業以下　　②高校卒業
③短期大学、専門学校または高等専門学校在学中
④短期大学、専門学校または高等専門学校卒業
⑤大学在学中　　⑥大学卒業　　⑦大学院在学中　　⑧大学院卒業

SQ6. あなたは現在、一緒に住んでいるパートナー・恋人・配偶者はいますか。
①はい　　　②いいえ

SQ6-1. あなたは現在、一緒に住んでいるパートナー・恋人・配偶者とどのような関係ですか。
①同居　　　　　②事実婚　　　　　③法律婚

SQ6-2. あなたの婚姻状態は？
①未婚　　　②離婚　　　③別居　　　④死別

SQ7. あなたには子供がいますか。
　　①はい　　　　　②いいえ

SQ7-1.あなたの子供は何人いますか。_____人
（※子供が1人の場合は、その子供に対して回答すること）

子供の現況	子供の満年齢	同居の可否
第一子	___歳	①同居　②非同居
第二子	___歳	①同居　②非同居
第三子	___歳	①同居　②非同居
…	…	…
末っ子	___歳	①同居　②非同居

SQ8.あなたの世帯の世帯員数は全体で何人ですか。_____人

※本人を含む配偶者、子供など、現在一緒に暮らしている世帯員を基準に回答してください。

SQ9.あなたは過去1週間、主に何をしましたか。

*自分ではない、一緒に暮らす家族や親戚の事業体または農場で、報酬を受けずに18時間（週当たり）以上働いた場合は、「働いた」です。

①働いた
②一時休職（仕事や職業がある状態で事情上、仕事をしばらく中断）
③教育・訓練（仕事や職業がない状態で教育・訓練を受ける場合）
④働かなかったが、求職活動をした
⑤働かず、求職活動もしなかった
⑥障害があって働けない
⑦社会服務、または軍服務（入隊予定含む）
⑧家事、育児、家族の世話

SQ9-1.食事・休息時間を除き、過去1週間のあなたの労働時間は合計何時間ですか。
_____時間

※過去1週間が一時休業に該当する場合、それ以前に労働した最後の1週間を基準に回答してください。

SQ9-2.あなたの仕事は次のうちどれですか。
①正規職（無期契約職を含む）
②契約職
③従業員がいる自営業者
④従業員がいない自営業者
⑤ゼロアワー契約(zero-hours contract)
⑥フリーランサー（freelancer）または独立契約者（independent contractor）
⑦インターンシップ（internship）または研修（traineeship）
⑧その他（　　　　　　　　　）

SQ10. パートナー、または配偶者は、過去1週間、主に何をしましたか。

*自分ではない、一緒に暮らす家族や親戚の事業体または農場で、報酬を受けずに18時間（週当たり）以上働いた場合は、「働いた」です。

① 働いた
② 一時休職（仕事や職業がある状態で事情上、仕事をしばらく中断）
③ 教育・訓練（仕事や職業がない状態で教育・訓練を受ける場合）
④ 働かなかったが、求職活動をした
⑤ 働かず、求職活動もしなかった
⑥ 障害があって働けない
⑦ 社会服務、または軍服務（入隊予定含む）
⑧ 家事、育児、家族の世話

SQ10-1. 食事・休息時間を除き、過去1週間のパートナー、または配偶者の労働時間は合計何時間ですか。 ＿＿＿＿時間

※過去1週間が一時休業に該当する場合、それ以前に労働した最後の1週間を基準に回答してください。

SQ10-2. パートナー、または配偶者の仕事は、次のうちどれですか。
①正規職（無期契約職を含む）
②契約職
③従業員がいる自営業者
④従業員がいない自営業者
⑤ゼロアワー契約(zero-hours contract)
⑥フリーランサー（freelancer）または独立契約者（independent contractor）
⑦インターンシップ（internship）または研修（traineeship）
⑧その他（　　　　　　　　　）

SQ11. あなたの世帯の税引後の月所得はいくらですか。

※正確な金額が分からない場合は、推定値に基づいて1つのみ選択してください。

① 100,000 円/月未満
② 100,000 - 199,999 円/月
③ 200,000 - 299,999 円/月
④ 300,000 - 399,999 円/月
⑤ 400,000 - 499,999 円/月
⑥ 500,000 - 599,999 円/月
⑦ 600,000 - 699,999 円/月
⑧ 700,000 - 799,999 円/月
⑨ 800,000 - 899,999 円/月
⑩ 900,000 円/月以上

SQ12. あなたは現在の世帯所得で生活するのにどの程度余裕がありますか。

> ※「世帯」とは、1人、または2人以上が集まって炊事、就寝など、生計を共にする生活単位です。

① 現在の世帯所得で余裕をもって生活できる
② 現在の世帯所得で不足なく生活できる
③ 現在の世帯所得で生活するのは難しい
④ 現在の世帯所得で生活するのは非常に難しい
⑤ 分からない

SQ13. (現在の雇用状態に関わらず) あなたは、今後12ヵ月以内に失業状態になる可能性がどの程度あると思いますか。
① 失業する可能性は全くない
② 失業する可能性は小さい
③ 失業する可能性がある
④ 失業する可能性が大きい
⑤ 失業する可能性が非常に大きい
⑥ 働く予定はない/求職活動をしない
⑦ 分からない

A. 結婚及び出産、性的役割に関する認識

※以下は、結婚・出産に関するあなたの考えについての質問です。

AQ1. あなたは今後、結婚する考えはありますか。
① 結婚する考えがある　　　② 結婚する考えはない
③ 考えたことがない　　　　④ まだ決めていない (分からない)

AQ2. あなたは将来、子供を産む意向はありますか。
① 産むと思う
② 産まないと思う
③ 考えたことがない
④ まだ決めていない (分からない)

AQ2-1. 子供を産む考えがあれば、あなたは何人を計画していますか。
_____ 人

AQ3. 一般的に子供を産むとすれば、あなたは何人の子供を産むのが良いと思いますか。(0から入力可能)
_____ 人

AQ4. あなたが家族（子供の出産）計画を立てる時、次のことをどれほど重要に考えますか。

区分	全く重要でない	重要でない	普通	重要	非常に重要
1) 家庭の経済的状況	①	②	③	④	⑤
2) 本人の健康	①	②	③	④	⑤
3) 配偶者の健康	①	②	③	④	⑤
4) 本人の就職状況	①	②	③	④	⑤
5) 配偶者の就職状況	①	②	③	④	⑤
6) 住宅の条件	①	②	③	④	⑤
7) 仕事と生活のバランス	①	②	③	④	⑤
8) キャリア断絶の可能性	①	②	③	④	⑤
9) 保育・養育サービスの利用可能性	①	②	③	④	⑤
10) 政府の十分な支援	①	②	③	④	⑤
11) 未来への不安と懸念、不確実性	①	②	③	④	⑤

AQ5. 子供を持つ計画がない場合でも、以下の可能性について意見を聞きたいと思います。子供がいるとすれば、あなたの生活の様々な側面にどのような影響があると思いますか。

区分	全く同意しない	同意しない	普通	同意する	非常に同意する
1) したいことを自由にできる可能性が低くなる。	①	②	③	④	⑤
2) 生活から得られる喜びと満足度が高くなる。	①	②	③	④	⑤
3) 私の働く機会が減る。	①	②	③	④	⑤
4) 配偶者（パートナーを含む）の働く機会が減る。	①	②	③	④	⑤
5) 老年期に受けることができるケアと安定感が大きくなる。	①	②	③	④	⑤
6) 配偶者（パートナーを含む）との親密感が高まる。	①	②	③	④	⑤
7) 経済的負担が増える。	①	②	③	④	⑤

AQ6. あなたは、次の役割を男性と女性のどちらが行うのが良いと思いますか。

区分	明確に男性	概して男性	男性と女性の両方	概して女性	明確に女性
1) 家族の生活のために働きながらお金を稼ぐこと	①	②	③	④	⑤
2) 食事の準備、掃除、洗濯など日常的な家事	①	②	③	④	⑤
3) 幼い子供の世話	①	②	③	④	⑤

B. 家事及び育児分担

※ 次は、家事及び育児分担に関するあなたの考えについての質問です。

BQ1. あなたと配偶者・恋人・パートナーとの間の実際の家事分担比率はどの程度だと思いますか。次の中から選んでください。

区分	⓪	①	②	③	④	⑤	⑥	⑦	⑧	⑨	⑩
本人	0%	10%	20%	30%	40%	50%	60%	70%	80%	90%	100%
配偶者・恋人・パートナー	100%	90%	80%	70%	60%	50%	40%	30%	20%	10%	0%

BQ2. あなたと配偶者・恋人・パートナーとの間の適切な家事分担比率はどの程度だと思いますか。次の中から選んでください。

区分	⓪	①	②	③	④	⑤	⑥	⑦	⑧	⑨	⑩
本人	0%	10%	20%	30%	40%	50%	60%	70%	80%	90%	100%
配偶者・恋人・パートナー	100%	90%	80%	70%	60%	50%	40%	30%	20%	10%	0%

BQ3. あなたと配偶者・恋人・パートナーとの間の実際の育児分担比率はどの程度だと思いますか。次の中から選んでください。

※「育児」とは、<u>満0歳～満12歳の子供の世話を直接すること</u>を意味します。

区分	⓪	①	②	③	④	⑤	⑥	⑦	⑧	⑨	⑩
本人	0%	10%	20%	30%	40%	50%	60%	70%	80%	90%	100%
配偶者・恋人・パートナー	100%	90%	80%	70%	60%	50%	40%	30%	20%	10%	0%

BQ4. あなたと配偶者・恋人・パートナーとの間の適切な育児分担比率はどの程度だと思いますか。次の中から選んでください。

※「育児」とは、<u>満0歳～満12歳の子供の世話を直接すること</u>を意味します。

区分	⓪	①	②	③	④	⑤	⑥	⑦	⑧	⑨	⑩
本人	0%	10%	20%	30%	40%	50%	60%	70%	80%	90%	100%
配偶者・恋人・パートナー	100%	90%	80%	70%	60%	50%	40%	30%	20%	10%	0%

BQ5. あなたは、仕事と家事及び育児を並行するのに難しさをどの程度感じますか。

①全く難しくない　　②難しくない　　　③普通
④難しい　　　　　　⑤とても難しい

BQ6. 私たちの社会における世話に対する見解は様々です。以下の各項目について、社会がすべきだと考えるか、家族がすべきだと考えるか回答してください。

区分	主に社会がすべき	家族ではなく社会がすべき	社会と家族の両方がすべき	社会ではなく家族がすべき	主に家族がすべき
1) 未就学児の世話	①	②	③	④	⑤
2) 放課後時間中の就学児の世話	①	②	③	④	⑤

C. 人口の変化及び社会に関する認識

※ 次は、人口の変化及び社会に対する認識に関するあなたの考えについての質問です。

CQ1. 人口の変化に関する以下の意見にどの程度同意するか、または同意しないか選択してください。

区分	全く同意しない	同意しない	普通	同意する	非常に同意する
1) 日本の最近の出産率は適当な水準である。	①	②	③	④	⑤
2) 出産率の低下は私の生活に悪影響を及ぼす。	①	②	③	④	⑤
3) 出産率の低下は、未来世代の生活に悪影響を及ぼす。	①	②	③	④	⑤
4) 政府は出産率の低下に対応するために十分な努力をしている。	①	②	③	④	⑤

CQ2. 以下の5つの図は、様々な社会構造を示しています。各図の説明を読んだ後、日本を最もよく描写している図を選択してください。

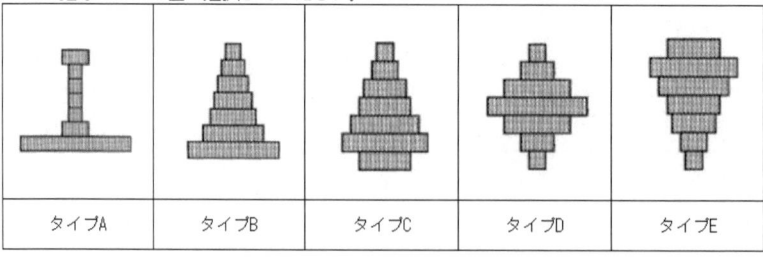

上段には少数のエリート、中間には極少数の人たち、下段には数多くの人たち	ピラミッドのように、上段には少数のエリート、中間にはより多くの人たち、一番下段には大多数がいる社会	ピラミッド（タイプB）と似ているが、一番下段にいる人が少数だという点が違う	大部分の人が中間にいる社会	上段に多くの人がいて、下段に行くほど人が減る

①タイプA　②タイプB　③タイプC　④タイプD　⑤タイプE　⑥分からない

CQ3. 以下の意見にどの程度同意するか、または同意しないか次の中から選んでください。

区分	全く同意しない	同意しない	普通	同意する	非常に同意する
1) 日本は全体的に公正な社会だ	①	②	③	④	⑤
2) 日本の所得格差は大きすぎる	①	②	③	④	⑤
3) 日本で最も裕福な1％の人たちが持っている資産が多すぎる	①	②	③	④	⑤
4) 気候変動は日本にとって深刻な脅威だ	①	②	③	④	⑤

CQ4. 日本で個人が成功（出世）するために、以下の要因がどれほど重要だと思いますか。

区分	全く重要でない	余り重要でない	かなり重要	非常に重要	必須
1) 富裕な家庭	①	②	③	④	⑤
2) 良い教育を受けた親	①	②	③	④	⑤
3) 個人の努力	①	②	③	④	⑤
4) 政治的人脈	①	②	③	④	⑤
5) 性別	①	②	③	④	⑤
6) 人種や民族的背景	①	②	③	④	⑤

CQ5. あなたの現在の生活水準は、両親があなたの現在の年齢だった時と比較して、どの程度良くなった、または悪くなったと思いますか。
①はるかに良くなった　　　②やや良くなった　　　　　　　③違いはほとんどない
④やや悪くなった　　　　　⑤はるかに悪くなった

CQ6. あなたの子供があなたの現在の年齢になった時、子供の生活レベルはどうなると思いますか。（子供がいなくても、いると仮定して回答してください）
①はるかに良くなる　　②やや良くなる　　　③違いはほとんどない
④やや悪くなる　　　　⑤はるかに悪くなる

D. 人口政策及び予算投入

※ 次は、人口政策及び予算投入に関するあなたの考えについての質問です。

DQ1.以下は政府が推進している様々な政策です。これについて知っている程度を回答してください。

区分	全く知らない	ほとんど知らない	少し知っている	かなり知っている	非常によく知っている
1) 妊娠、出産支援（医療保険など）	①	②	③	④	⑤
2) 出産した場合の手当や物品支給（出産奨励金、出産用品支援など）	①	②	③	④	⑤
3) 出産及び育児休職制度	①	②	③	④	⑤
4) 保育園支援（保育施設の拡充、保育料支援など）	①	②	③	④	⑤
5) 子供に対する手当（児童手当、家族手当など）	①	②	③	④	⑤
6) 税金による支援(税の軽減)	①	②	③	④	⑤
7) 多子女世帯に対する追加支援	①	②	③	④	⑤
8) 地域人口バランスのための政策	①	②	③	④	⑤

DQ2.以下は、様々な（家族、人口、仕事と家庭の両立）政策のうち、あなたの職場生活と関連のある政策です。各項目に対する活用の可能性を、本人の実際の経験や（本人の活用経験がない場合）周辺の知人の経験に基づいて回答してください。

区分	非常に自由に活用可能	比較的自由に活用可能	ある程度活用可能	概して活用不可能	全く活用不可能	分からない
1) 女性の育児休職	①	②	③	④	⑤	⑥
2) 男性の育児休職	①	②	③	④	⑤	⑥
3) 柔軟勤労制	①	②	③	④	⑤	⑥
4) 出産休暇	①	②	③	④	⑤	⑥
5) 家族世話休暇	①	②	③	④	⑤	⑥

DQ3.あなたは、子供の出産と養育のために政府が予算をどのようにすべきだと思いますか。
①関連予算を大幅に増やすべき
②関連予算を少し増やすべき
③関連予算を現在の水準に維持すべき
④関連予算を少し減らすべき
⑤関連予算を大幅に減らすべき

Abstract

A Study on Japan's Population Policy

Project Head: Choi, Kyong Duk

Korea has been experiencing a long period of declining birthrates and an aging population, resulting in a changing demographic structure. The total fertility rate has continued to decline, reaching 0.72 as of 2023. While the total population had previously been on the rise, the persistent decline in the total fertility rate led to a population decline in 2021 and 2022. In response, the Korean government has implemented a number of policies since the enactment of a law in 2005 but has failed to reverse the declining birthrate trend.

This study aims to comprehensively examine Japan's demographic changes and policies, providing basic data that can be used as a reference for Korea's population policy.

Japan's efforts to address declining birthrates began in earnest in the 1990s, with the Gold Plan established in 1989 marking the beginning of comprehensive aging policies. Japan's total population began to decline in 2010. According to a perception survey, Japanese respondents are less inclined to marry and have children compared to Koreans. Additionally,

---

Co-Researchers: Oh, Shinhwee · Cho, Sungho · Kim, Myoung Jung · Kim, Wunkyung · Hwang, Nam-hui

while Japanese respondents are less likely to believe that having children negatively impacts their lives, they also express a lower belief in its positive effects compared to Koreans. Awareness of policies is lower in Japan than in Korea in all areas, with Koreans showing a stronger tendency to favor proactive government efforts to increase the fertility rate.

The following suggestions are proposed: exploring various financing options, alleviating the concentration of population in metropolitan areas, and expanding support policies based on thorough analyses of their effectiveness. In addition, it is necessary to closely examine the issue of elderly care, actively respond to the loss of rural areas due to population decline, and learn from the example of Japan, which supports the active participation of all people, including the elderly, in economic activities.

Key words: Japan, Population Policy, Low Fertility, Population Aging, Perception Survey